GUIDE

POUR L'ÉTUDE

DES

EXAMENS DE DROIT.

Imp. d'HIP. TILLIARD, rue St-Hyacinthe-St-Michel, 3o.

GUIDE

POUR L'ÉTUDE

DES EXAMENS DE DROIT,

OU

Indication des principales difficultés
qui en sont l'objet,

ET DES AUTEURS QUI RÉSOLVENT CES DIFFICULTÉS.

PAR F. BERRIAT SAINT-PRIX,
Docteur en Droit.

DEUXIÈME ÉDITION
Corrigée et augmentée.

PARIS,

VIDECOQ, LIBRAIRE,
Place du Panthéon, 3.

1842.

AVERTISSEMENT

DE LA PREMIÈRE ÉDITION.

Il n'est pas besoin d'avoir acquis une longue expérience dans l'enseignement du Droit, pour être convaincu que le travail trop facile produit des résultats peu durables : le résumé le plus consciencieux, le catéchisme le plus exact , ne valent jamais des *rédactions* qui sont le produit de recherches personnelles. Un jeune homme qui veut retirer quelque fruit de ses études doit faire ses *cahiers* lui-même, et non les acheter tout imprimés d'avance. Il est cependant certain , du moins à mes

yeux , que l'immense majorité des élèves
de la Faculté de Droit de Paris ne se livre
à aucun travail de ce genre. Cela provien-
drait-il de ce que la majorité a une aver-
sion insurmontable pour l'étude? Je ne le
pense pas. Je crois, au contraire, que le
plus grand nombre, au commencement ,
sinon au milieu de l'année scolaire, est
animé des meilleures intentions. Mais
beaucoup de jeunes gens reculent devant
la longueur de la tâche et la difficulté des
recherches ; l'inutilité de leurs premiers
efforts les rebute : le temps s'écoule, le
moment de l'examen arrive, et ils sont
forcés de se rejeter sur l'abrégé portatif
qui leur présente la science toute faite.
C'est à ceux-là surtout que sera utile
l'espèce de programme que je publie, et
que je destinais d'abord à mes seuls élèves. Ils y verront sur quels points doivent
porter plus particulièrement leurs études,
et trouveront à côté de l'énoncé de la dif-

ficulté l'indication d'un texte ou d'un commentaire qui donne la solution. Ainsi, ils auront le double avantage d'être forcés de compulser les livres où la science est contenue, et de le faire toujours avec fruit. A l'égard des étudiants qui suivent assidûment les cours, et amassent pendant l'année une abondante provision de travaux préparatoires, cet opuscule pourra leur servir à faire un choix parmi leurs matériaux, pour se disposer à subir leur examen, ce but immédiat de leurs efforts, qui ne doit pas en être le but unique.

Je crois inutile d'avertir qu'on peut tirer parti des questions qui suivent, de deux manières : soit en rédigeant les solutions par écrit, soit en s'exerçant à faire les réponses de vive voix.

Toutes les fois que le texte résout pleinement une difficulté, je le cite de préférence aux auteurs.

Pour ne pas grossir inutilement le volume, j'ai omis un grand nombre de questions trop simples, que la lecture de la loi suggère d'elle-même. J'ai abrégé extrêmement les autres, souvent aux dépens de la forme. Il en est qui pourront paraître obscures : mais on se rappellera qu'une simplification excessive m'aurait fait manquer le but de mon travail. Quelques questions moins usuelles, ou concernant plus spécialement les aspirants au doctorat, ont été rejetées dans les notes.

GUIDE

POUR LES EXAMENS.

PRÉLIMINAIRES.

Avant de commencer l'étude d'un examen quelconque, mais surtout du premier, il convient de s'assurer qu'on connaît la signification des mots suivants, que j'ai cher-

1

ché à ranger, autant que cela est possible,
dans un ordre méthodique.

Loi (Delvincourt, p. 1 ; Charte 14). —
Droit (M. Demante, n⁰ˢ 1 , 2); devoir.

Principaux droits. Propriété (C. civ. 544;
M. Du Caurroy, n⁰ 406) ; [bien, *v.* Dem.
n⁰ 512; meuble, immeuble, *v.* C. civ. 528];
usufruit (C. civ. 578); servitude (637). —
Obligation (*Institutes*, livre III, tit. XIII).
[Créance, dette, créancier, débiteur. *v.*
Delv. t. II, p. 118].

Manières d'acquérir, soit un droit de propriété, soit un droit d'obligation, soit tous
les deux à la fois. Succession (Dem. t. II,
n⁰ 15); [héritier, *ib.*]. Testament (C. civ.
895). [Legs, légataire, *v.* Dem. II, n⁰ 372].
Prescription (C. civ. 2219). Contrat (1101).
[Convention, *v.* Dem. II, n⁰ 518]. — Di-

vers contrats. Vente (C. civ. 1582); [Vendeur, acheteur]; donation (894); [donateur, donataire.; — dot, *v.* 1540).] Louage (1709); [bailleur, locataire, fermier; loyer, fermages]. Société (1832). Prêt (1875, 1892); prêt à intérêt; constitution de rente perpétuelle ou viagère (1909). Dépôt (1915). Mandat, procuration (1984); [procureur, fondé de pouvoir]. Cautionnement, caution (2011). Transaction (2044).—Acte (*v.* 778).

Manières d'éteindre les obligations. Paiement (Dem. ii, n° 689). Prescription (C. civ. 2219).

Moyen de faire reconnaître et respecter ses droits. Juge (M. Berriat Saint-Prix, *Cours de procédure*, p. 20). Action (*Institutes*, liv. iv, tit. vi); action personnelle, action réelle (*ib.* § 1). Procès, instance, demandeur, défendeur (B. S. P., note 5). Tribunal de pre mière instance (*ib.* p. 55-56); appel (*ib.* p. 454); cour royale (*ib.* p. 65); juge de paix (*ib.* p. 50). Jugement (*ib.* p. 21 et p. 22, note 18). Ministère public (*ib.* p. 23). Saisie (*ib.* p. 586 et 624). Comment se distribue entre les créanciers le prix des biens saisis et vendus (C. civ. 2093)? Privilége (2095); gage (2071, 2072 et 2102-2°); hypothèque (2114, *v.* 2094, 2166). Dommages-intérêts (1149).

INSTITUTES DE JUSTINIEN.

(1er EXAMEN : les deux 1ers livres.
3e EXAMEN : la totalité.)

Quelle est la signification du mot Institutes (M. Du Caurroy, *Institutes expliquées,* 6e édit. n° 41)? Quel ouvrage a servi de modèle aux Institutes de Justinien (*ib.* nos 50, 54)? A quelle époque cet ouvrage a-t-il été découvert (*Thémis,* 1, p. 287)? Qu'est-ce que le Digeste (Du C. n° 57)? le Code ancien et nouveau (*ib.* nos 52, 55 et 53; *v.* n° 19)? les Novelles (*ib.* n° 54)? Justinien est-il le premier qui ait fait usage de ces dénominations (nos 52, 55, 57, 44)? Quels sont les principaux jurisconsultes dont le Digeste renferme des fragments (*ib.* n° 58)? Dans quel siècle vivaient-ils (B. S. P. *Hist. du*

1.

droit rom. p. 336, 356)? Dans quel siècle vivait Justinien (Du C. nᵒ 33)? ¹

LIVRE 1, *titre* 1. — Quelles sont les diverses significations du mot Droit (M. Ortolan, *Explicat. historique des Institutes*, p. 5)? La définition de la Jurisprudence (§ 1) n'est-elle pas trop étendue (D. nᵒ 3)? Quels exemples peut-on donner de lois qui dérivent des trois préceptes du § 3 (*ib.* nᵒ 4; mais *v.* Ort. p. 7)? Qu'entend-on par droit public ou privé (§ 4)?

Tit. II. Qu'entend-on par droit naturel (*principium* ²), droit des gens, droit civil (§ 1)? L'expression droit des gens n'a-t-elle pas aujourd'hui un sens différent (M. Blondeau, *Chrestomathie*, p. LX; *v.* p. LXIX, note 1)? Comment les interprètes subdivisent-ils le droit des gens (Du C. nᵒ 9)? A quoi bon rechercher si une règle appartient au droit civil ou au droit des gens (*ib.* nᵒ 10)? Les dénominations de droit écrit et de droit non écrit sont-elles exactes (*ib.* nᵒ 11)? Que signifie le mot *lex*, dans le § 4 (*ib.* nᵒ 13)?

¹ Même question pour Constantin et Théodose (B. S. *H. du Droit rom.* p. 342, 343). *N. B.* Il est utile de connaître la série des empereurs depuis Adrien jusqu'à Alexandre Sévère (*ib.* p. 336 à 338).

² On appelle ainsi le premier alinéa d'un titre. Il sera désigné à l'avenir par l'abréviation *pr.*

Comment se votaient les lois et les plébis-cites (*ib.* n° 14)? Qui avait l'initiative des sénatus-consultes (*ib.* n° 15)? En quoi dif-fèrent les diverses espèces de constitutions (*ib.* n°19; *v.* tit. 8, § 2)? Droit honoraire est-il synonyme de droit prétorien (§ 7)? Les pré-teurs pouvaient-ils modifier leurs édits (D. n° 32)? Qu'appelle-t-on l'édit perpétuel et pourquoi (*ib.*)? Le droit prétorien n'est-il pas le résultat d'une usurpation de pouvoir (Blond. *Chrestom.* p. LXXX; *v.* C. civ. 5)? Qu'entend-on par prudents (D. n° 24)? Leur nombre était-il limité (*ib.* n° 25)?

Tit. III. Quels sont les trois objets du droit (*ib.* n° 60)? Sens du mot personne (Ort. p. 25). Étymologie du mot *servus* (D. n° 65). Comment devient-on esclave d'après le droit civil (§ 4; tit. XVI, § 1; *de Success. subl.* § 1)?

Tit. IV. De quelle circonstance dépend la qualité d'ingénu (*pr.*)? A quel principe dé-roge la décision de Marcien (Ulpien, *Règles,* tit. V, § 10) [1]? Pour quel motif (D. n° 74)?

[1] Les citations d'Ulpien et de Gaïus, se réfèrent aux ouvrages de ces jurisconsultes, insérés dans les recueils connus sous le nom de *Juris civilis Ecloga,* ou *Enchiridium,* ou *Promptuarium,* et dans le recueil publié par M. Blondeau. On les trouve sé-parés des Instituts, sous le titre de *Flores juris antejustinianei.*

Tit. v. L'affranchissement suppose-t-il nécessairement le consentement du maître (*ib.* n° 76)? Y avait-il une différence entre les ingénus (*ib.* n° 99)? Y en avait-il entre les affranchis, et par suite de quelles lois (§ 5)? Combien de conditions étaient requises pour que l'affranchi fût citoyen romain (§ 5, *in fine;* Ulp. 1, §§ 6 à 8, 12, 16)? Quelle était la condition des affranchis latins, soit avant, soit depuis la loi Junia (Gaïus, *Instit.* liv. i, § 22-23 et liv. iii, § 56)? Origine du mot déditices (Gaïus, i, 13-14).

Tit. vi. La faculté d'affranchir est-elle illimitée sous Justinien (D. n° 86)? Quand un affranchissement est-il préjudiciable aux créanciers (§ 3 *in pr.*)? Suffit-il qu'il le soit (§ 3 *in f.*)? Quelle exception souffre la prohibition d'affranchir en fraude des créanciers (§ 1)? et pourquoi (§ 1 *in f.*)? Décision de la loi Sentia sur les mineurs de 20 ans (§ 4-5). Quelle contradiction offre-t-elle suivant Justinien (§ 7)? Ne peut-on pas la justifier (Du C. n° 95)?

Tit. vii. Motif de la loi Furia (Ort. p. 51). Moyen imaginé pour l'éluder (Gaïus, i, 46).

Tit. viii. Combien y avait-il d'espèces de puissance dans l'ancien droit (*ib.* i, 49)?[1]

---

[1] Comment s'établissait la *manus* (Gaïus, i, 110 à 113)?

Comment s'établit et se perd la puissance dominicale (*v.* tit. III, § 4, et tit. v)? Que signifient les mots *bonis conditionibus* du § 2 (D. n° 104)?

Tit. IX. Que signifie le mot famille (*ib.* n°s 100, 106)? Comment s'établit la puissance paternelle (*pr.*; tit. x, § 13, et tit. XI, *pr.*)? S'étend-elle sur tous les descendants quelconques (§ 3)? Appartient-elle à toute espèce de personnes (D. n° 107)? Que signifie le mot *individua* dans le § 1 (D. n° 115)?

Tit. x. En quel sens y avait-il deux espèces de mariage à Rome (Ort. p. 85)? Qu'entend-on par *connubium* (*ib.* p. 72; Ulp. v, 4)? La femme passe-t-elle sous la puissance de son mari (D. n° 847, note)? Quand et pourquoi un fils de famille doit-il obtenir le consentement de son père aussi bien que celui de son aïeul (*v.* tit. XI, § 7; D. n° 122)? Définir l'alliance (*ib.* n° 144). Résumer les prohibitions de mariage fondées sur la parenté et l'alliance (Ulp. v, 6; D. n° 159; *v.* C. civ. 161). N'y en a-t-il pas d'autres (D. n°s 150 à 152)? Comment s'opère la légitimation (§ 13; D. n° 167)? Qu'est-ce que la curie (n° 160)? et pourquoi y attache-t-on des priviléges (*ib.*)?

Tit. XI. Combien d'espèces d'adoption

(§ 1)? Forme de l'adrogation (Ulp. VIII, 2); étymologie de ce mot (Gaïus, I, 99). Motifs des règles spéciales établies pour l'adrogation des impubères (§ 3; liv. III, tit. 10, § 1; Ort. p. 98). Pourquoi l'adrogeant donne-t-il caution à un esclave public, et non aux héritiers du pupille (D. n°. 1005, note)? Pourquoi ne distingue-t-on pas si l'exhérédation est fondée ou non sur de justes motifs (n° 176, 3°)? Qu'appelle-t-on quarte Antonine (*ib.*)? Quel changement Justinien a-t-il apporté aux effets de l'adoption, et pour quel motif (n° 172)?

Tit. XVI. Diverses espèc s de *capitis deminutio* (*ib.* n°ˢ 234 à 236). D'où vient cette expression (Pellat, *Usufruit*, p. 96, note)? Tout changement d'état est-il une *capitis deminutio* (*pr. hic; mais v.* Pell. *ib.*, p. 95)?

Tit. XII. Dans quel cas la puissance paternelle se perd-elle sans *capitis deminutio* (*pr.*; Gaïus, III, 114)? Comment se fait l'émancipation du temps de Gaïus, d'Anastase, de Justinien (Gaïus, I, 132; D. n°ˢ 199-200)?[1] Qu'est-ce que l'émancipation *contracta fiducia* (D. n° 201)? En quoi consiste

[1] Comment se fait la mancipation (Gaïus, I. 119, 122)? Quelle puissance confère-t-elle sur les personnes (*ib.* 116, 117)? Quelle est la forme de l'adoption proprement dite (Ort. p. 94, et la note)?

la fiction du *postliminium?* Étymologie de ce
mot (§ 5). *Quid* si le père captif meurt chez
l'ennemi (D. nᵒ 193)? Un fils de famille
peut-il forcer son père à l'émanciper (D.
nᵒ 206)?

Tutelles. Tit. xiii. Signification et étymologie du mot tutelle (§ 1-2.). Qu'est-ce
qu'un pupille (D. nᵒ 208)? Énumérer les
diverses espèces de tutelle (§ 3, tit. xv;
tit. xvii à xx). S'appliquent-elles aux mêmes
pupilles (D. nᵒ 251)? A qui peut-on donner
un tuteur par testament (§ 3)? Qui a fait
douter qu'on en pût donner à un posthume
(Ulp. xxii, 5)? Le § 5 ne contredit-il pas le
§ 3 (D. nᵒ 214)?

Tit. xiv. Les femmes (*ib.* nᵒ 216), les fils
de famille peuvent-ils être nommés tuteurs
(*pr.*; *v.* tit. xii, § 4)? La nomination d'un
esclave *cum liber erit*, est-elle nulle (D. nᵒˢ
219-220)? A quelle tutelle y a-t-il lieu pendant la folie ou la minorité du tuteur désigné (nᵒˢ 221 et 255)?

Tit. xv. A quoi reconnaît-on que deux
individus sont agnats (texte *hic; mais v.* D.
nᵒˢ 251-252)?

Tit. xvi. *V.* ci-dessus, p. 10.

Tit. xvii. Pourquoi la tutelle des patrons
est-elle dite légitime (nᵒ 245)?

Tit. xviii. Étymologie du mot *parens.*

(Ort. p. xxiij). A quels ascendants appartient la tutelle (D. n° 246)?

Tit. xix. Pourquoi la tutelle fiduciaire n'est-elle pas appelée légitime, comme celle des enfants du patron (texte *hic; mais v.* D. n°s 248-249)?

Tit. xx. A quels magistrats a été successivement donné le droit de nommer un tuteur (*pr.;* §§ 5 à 5)? Pourquoi la loi Attilia le donnait-elle à la simple majorité des tribuns (D. n° 256, note)? De quels magistrats parle le § 4 *in f.* (*ib.* n° 258)?

Tit. xxi. Le tuteur agit-il pour le pupille (*pr.;* Ort. p. 151; *comparer* avec C. civ., 450-1°)? Étymologie du mot *auctoritas* (D. n° 263). Énumération des actes qui rendent pire ou meilleure la condition d'une personne (Ort. p. 154); actes qui produisent l'un et l'autre effet (*pr. in f.;* § 1). Comment comprendre que le tuteur autorise un acte qui rend pire la condition du pupille (D. n° 265)? Concilier la décision du *principium* avec l'axiome : on ne peut s'enrichir aux dépens d'autrui (*ib.* n° 266). N'est-elle pas en désaccord avec celle du § 1 (*ib.* n° 267)? Pourquoi (n° 268; *mais v.* Ort. p. 156)? Motif du § 2 (D. n° 264); du § 5 (*ib.* n° 270).

Tit. xxii. Pourquoi la petite diminution

de tête du tuteur met-elle fin à la tutelle légitime, et à celle-là seulement (D. n° 275)?

Tit. XXIII. Différence entre la tutelle et
la curatelle (*pr.*; § 1 ; § 2, *comparé* avec le
§ 4 du tit. XIV; § 3). Pourquoi interdit-on
les prodigues et non les fous (D. n° 278)?
Quand leur nomme-t-on des curateurs (*ib.*
n° 280)? Un adulte est-il forcé d'en recevoir (§ 2; n° 284)? Dans quels cas en donne-
t-on aux pupilles (§ 5; tit. XXI, § 3)?
Quand y a-t-il lieu de nommer un *actor*
(§ 6)?

Tit. XXIV. Sens du mot *satisdatio* (D. n°
289). Quánd les tuteurs dispensés de fournir
caution sont-ils amenés à en donner une
(§ 1)? Contre qui se donne l'action subsi-
diaire (D. n° 294)? D'où vient ce mot (*ib.*)?

Tit. XXV. Ramener les excuses à trois
classes, d'après leurs motifs (D. n°s 302,
307, 311). Pourquoi dispense-t-on ceux
qui ont un certain nombre d'enfants (n°
303)? A quelle distance faut-il demeurer
pour profiter de l'augmentation de délai accordée par le § 16 (n° 298)? Excuses spéciales aux curateurs (§§ 18-19).

Tit. XXVI. En quoi diffère l'accusation
d'un tuteur, des autres actions publiques (n°
325)? Conséquences de la destitution (§ 6).
Cas où il y a châtiment corporel (§§ 10-11).

LIVRE II. *Titre* I. — Sens des mots, chose (Du C. n° 326), bien, (Demante, n° 512). Quelles sont les divisions des choses, indiquées par les Institutes (*pr.*; tit. II; tit. VI, *pr.*)? Quelles étaient les choses *mancipi* (Ulp. XIX, 1)? Les choses publiques ou de corporation sont-elles toutes hors du commerce (Ort. p. 210-211; *v.* C. civ. 539, 541)? En quoi diffèrent les choses publiques des choses communes (D. n° 329)? les choses sacrées des choses religieuses (§ 8 et 9; Gaïus, II, 4)? A quel délit fait allusion le § 10 (Ort. p. 216)? — Quels sont les droits contenus dans le droit de propriété (D. n° 406; Pellat, *Usuf.*, p. 1 à 5)? Qu'est-ce que la possession (Pell. p. 10)? Pourquoi l'occupation donne-t-elle la propriété des animaux sauvages pris sur le fonds d'autrui (D. n° 344; *v.* n° 1153, note)?[1] Faut-il admettre l'accession comme manière d'acquérir la propriété (D. n° 349; *mais v.* Ort. p. 227)? Qu'entend-on par fonds *limitati* (D. n° 354)? Variante du § 21 et double interprétation qui en résulte (D. n° 375, *mais v.* C. civ. 559; Ort. p. 234). Controverse sur le lit abandonné (D. n° 353). Comparer la

[1] A qui appartiennent les choses prises sur l'ennemi (§ 17; *mais v.* Ort. p 226)?

décision du § 22 avec celle du Code civil,
art. 561, celle du § 23 avec l'art. 563.
Triple système sur la spécification (§ 25).
Sur quels motifs s'appuyait celui des Pro-
culiens (D. n° 559)? — *N. B.* Avant d'é-
tudier les §§ 26 à 35, il convient de rechercher la signification des mots : action (liv.
IV, tit. 6, *pr.*), action personnelle ou réelle
(*ib.* § 1), revendication (D. n° 1178), exception (n° 1520); et d'acquérir une notion,
au moins superficielle, de la formule et de
ses deux principales parties, l'*intentio* et la
condemnatio (Gaïus, IV, 41, 43 et 119; D.
n° 1181). Quelles choses ne sont pas susceptibles de revendication (§ 26, *in f.*)? N'y
en a-t-il pas, parmi celles-là, à la revendication desquelles on peut arriver en exerçant préalablement une autre action (D. n°
563)? Dans quels cas le mélange établit-il
une communauté (§§ 27 et 28)? Action
de tigno juncto (§ 29). Dans le cas où Primus construit, sème, écrit ou peint sur la
chose de Secundus, celui-ci perd-il sa propriété (§§ 30 à 34)? Primus a-t-il un moyen
de se faire indemniser, soit qu'il possède
(*ib.*), soit qu'il ne possède plus (D. n° 572)?
Qu'est-ce qu'une action utile (*ib.* n° 578)? [1]

[1] Le maître de la toile peut-il priver le peintre
du tableau, en payant le prix de la peinture (D.
n° 379)?

Pourquoi en donne-t-on une au maître de la toile (D. n° 579) ? Est-ce la situation du tronc ou celle des racines qui détermine la propriété d'un arbre (§ 51 ; *mais v.* D. n° 582 , *in f.*) ? En quoi le possesseur de bonne foi diffère-t-il de celui de mauvaise (§ 55) ? de l'usufruitier (n° 585) ? Par quelle action le propriétaire réclame-t-il les fruits du possesseur (*ib.* n° 582) ? — Le consentement suffit-il pour transférer la propriété (C. civ. 1158 ; *mais v.* D. n° 594)? Qu'est-ce que la tradition (n° 588) ? Dans quels cas opère-t-elle la translation de la propriété (§ 40; n° 590)? Qu'entend-on par *justa causa* (Ortolan, p. 262) ? Faut-il que le propriétaire effectue lui-même la tradition (§§ 42-45) ? Quel est l'effet de la tradition d'une chose *mancipi* (Gaïus, ii, 41)? Comment se font la mancipation (*ib.* i , 119 , 122), la cession *in jure* (*ib.* ii , 24) ? S'appliquent-elles aux fonds provinciaux (*ib.* ii, 7 , 21 et 51) ? Suffit-il que le vendeur ait fait tradition, pour que l'acheteur devienne propriétaire (§ 44) ? Ne peut-il pas arriver que la propriété passe sans tradition (§ 44) ? Quelles sont les traditions fictives admises par plusieurs interprètes (D. n° 596)? Peut-on perdre la propriété sans qu'elle passe à un autre (§ 47 ; n° 598) ?

Tit. III. Qu'est-ce qu'une servitude (*comparer* C. civ. 637, et le § 3 du tit. II)? En quoi diffèrent les servitudes réelles des personnelles (D. nos 407-408)? A quelle circonstance reconnaît-on qu'une servitude est urbaine ou rurale (*v.* C. civ. 687 : *mais v.* D. n° 409)? Quelle est l'utilité de cette distinction (*ib.* n° 427; Gaïus, II, 17)? Y a-t-il une différence entre *via* et *actus* (*pr.*; *mais v.* D. n° 411 ; Ort. p. 280, note 5)? Pourquoi les servitudes n'astreignent-elles pas à faire (D. n° 414)? Exception à ce principe (n° 415). Comment s'expliquer l'existence des servitudes *altius tollendi* et *stillicidii non recipiendi* (nos 412-413)? La convention suffit-elle pour établir un droit de servitude ou d'usufruit, à la différence du droit de propriété (§ 4 ; tit. IV, § 1; *mais v.* Pellat, *Usufr.*, p. 71 à 75)? Mode de constitution admis par le droit prétorien (D. n° 425).

Tit. IV. Définition de l'usufruit (*pr.*). Diverses interprétations des mots *salva substantia* (C. civ. 578 ; D. n° 421; Ort. p. 295). Comment l'usufruitier acquiert-il les fruits (tit. I, § 36 ; D. n° 385)? Pourquoi le part des esclaves n'est-il pas considéré comme un fruit (D. n° 387 ; *mais v.* Ort. p. 257)? Pourquoi l'usufruitier d'un troupeau est-il tenu au remplacement (D. n° 419)? Quel est le résultat du legs qui donne à l'un le fonds, à l'autre l'usufruit (n° 422)? Quel est le but du sénatus-consulte sur le quasi-usufruit (n° 454) ? Quel droit ont l'usufruitier et le nu-propriétaire en pareil cas (n° 455, texte et note)? Modes d'extinction de l'usufruit (§ 3). Motif qui les a fait multiplier (§ 1 *in f.*). [1] Pourquoi l'usufruitier ne peut-il céder à un tiers? [2] Le § 1 du tit. v ne contredit-il pas cette décision (D. n° 450)?

Tit. v. Quelle est l'étendue du droit d'usage (§ 1 ; *mais v.* D. n°s 459 à 441)? Manières de le constituer et de l'éteindre (*pr.* ; *mais v.* D. n° 457). En quoi l'usage d'une maison diffère-t-il du droit d'habitation (§ 5; D. n° 445; *mais v.* Ort. p. 310)?

Tit. vi. Qu'est-ce que l'usucapion (Ulp. xix, 8)? Quadruple condition nécessaire pour l'opérer (*ib.* et *pr. hic*)[3]. N'avait-elle pas un double objet (Gaïus , ii , 41 à 45) ?

[1] Y a-t il des cas où l'usufruit éteint ne retourne pas à la nue-propriété (D. n° 433 , 749)?

[2] Cette cession est-elle totalement dépourvue d'effet (§ 3; Gaïus ii , 30 ; *mais v.* Pell. *Usufr.*, p. 100 à 102)?

[3] Le juste titre est-il une condition indépendante de la bonne foi (§ 11 ; D. n°s 469-472; Pell. *Usufr.*, p. 18 , note 2)?

Qu'est-ce que la prescription (D. n° 458) ? La possession de longtemps donnait-elle la revendication (*ib.*)? Avait-elle quelque utilité à l'égard des choses susceptibles d'usucapion (*ib.*)?[1] Quel est le résultat des innovations de Justinien dans cette matière (*pr.*; D. n° 459)? Qu'entend-on par présents et absents (*ib.*)? Quelles sont les choses non susceptibles d'usucapion, et en vertu de quelles lois (§§ 1, 2 et 9)? Un immeuble peut-il devenir chose furtive (§ 7; liv. IV, tit. 1, § 1.)? Comment concevoir qu'un meuble puisse sortir, sans vol, des mains du propriétaire (§§ 3 à 6)? L'acquéreur peut-il se prévaloir du temps pendant lequel son auteur a possédé (§§ 12-13)? Le vice de la possession de l'auteur nuit-il à l'acquéreur sans distinction (§ 12; D. n°s 476-478)? A quoi bon l'exception accordée par Marc-Aurèle (D. n° 479; Ort. p. 329)? Qu'ajoute Zénon à l'édit de Marc-Aurèle (§ 14)?

Tit. VII. Double acception du mot donation (D. n° 485). En quel sens la donation est-elle une espèce d'acquisition (*pr.*; D. n° 482)? Qu'est-ce qu'une donation à cause de mort (n° 488)? Ne peut-elle pas se concevoir de deux

---

[1] L'usucapion et la prescription s'appliquent-elles aux servitudes et à l'usufruit (D. n° 460).

manières (D. nº 484 ; *v.* C. civ. 1168)?
En quoi ressemble-t-elle aux legs (nº 492) ?
La convention de donner entre vifs est-elle
obligatoire pour le donateur (§ 2 ; D. nº 485)?
A quelles formalités est assujettie la donation entre vifs (nº 483)? Innovation de Justinien sous ce rapport (nº 486). Dans quels
cas la donation entre vifs est-elle révocable
au gré du donateur (nºˢ 487, 493 ; *v.* C. civ.
960)? Quel est le but et l'effet de la donation *ante nuptias* (nº 495)? Innovations de
Justin et de Justinien à cet égard (*ib.* et nº
494). Comment s'expliquer que l'affranchissement fait par un seul des co-proprié-
taires ait pour résultat de le dépouiller
(Pellat, *Usufr.*, p. 102 , note)?

Tit. VIII. Qu'est-ce que la dot (D. nº 495)?
Que décidait la loi Julia (*pr.*)? Pourquoi prohibait-elle l'hypothèque plus stric-
tement que l'aliénation (D. nº 499)? En
quoi Justinien modifia-t-il cette loi (*pr.*)?
— Le créancier gagiste peut-il vendre malgré la convention contraire (D. nº 507)?
— Quelles actions peut exercer le pupille
qui a fait, sans autorisation, un *mutuum*
(§ 2 ; *v.* nº 943), ou un payement (D. nº 506)?
Pourquoi ne peut-il en recevoir un (Gaïus,
II , 84)? *Quid,* si, en fait, il l'a reçu (D. nº
504)? Quelle sécurité l'autorisation du juge

donne-t-elle, de plus que celle du tuteur, au débiteur qui paye le pupille (D. nº 505)?

Tit. IX. Qu'est-ce que, acquérir par autrui (D. nº 510) ? Par quelles personnes acquiert-on (*ib.*; *v*. Gaïus, II, 86) ? Quelles acquisitions ont été successivement réservées aux fils de famille (§ 1 ; tit. XI, § 6; D. nº 512)? Quelle retenue a été accordée à l'ascendant émancipateur, soit avant, soit depuis Justinien, et sur quels biens (D. nº 513)? Comment acquiert-on une hérédité par son esclave (§3; D. nº 514) ? Même question pour la possession (nº 520). Comment les acquisitions d'un esclave se distribuent-elles entre le propriétaire et l'usufruitier, ou le possesseur de bonne foi (§ 4)´, ou l'usager (D. nº 518)? Quel est le résultat de la tradition faite à un mandataire chargé d'acheter, que le vendeur soit ou non propriétaire (nᵒˢ 524, 525 *in f.*)? Comment expliquer l'acquisition qui s'opère en pareil cas, puisqu'on ne peut rien acquérir *per extraneam personam* (nº 525)?

Testaments. Tit. X. Comment se divisent les manières d'acquérir (D. nº 526)? A quelle occasion les Instituts parlent-elles des testaments (*ib.* nº 527 *in f.*)? Quelles étaient les anciennes formes de testament (Gaïus, II, 101)? Double formalité dont se composait le testament *per æs et libram* (Ulp. xx, 9). Pourquoi l'héritier a-t-il cessé d'être *emptor familiæ* (D. nᵒ 530)? Comment le préteur faisait-il valoir le testament revêtu de sept cachets (nᵒˢ 531 et 527)? A quelles sources ont été empruntées les diverses formalités du testament triparti (§ 5)? Comment se fait-il (D. nᵒ 533-2ᵒ; *v*. C. civ.976)? Ne peut-on tester sans écrit, tant dans l'ancien droit que dans le nouveau (§ 14; D. nᵒ 536)? Différence entre les exemplaires et les copies (*ib*. nᵒ 535). Pourquoi les individus désignés par le § 6 sont-ils incapables d'être témoins (Ort. p. 579) ? Le père d'un fils de famille qui teste sur ses biens castrans , peut-il être témoin (§ 9; *mais v*. Du C. nᵒ 540)? Même question pour les membres de la famille de l'héritier (§ 10). Pourquoi n'exclut-on pas les légataires du nombre des témoins (Ort. p. 584) ?

Tit. xi. Ne faut-il pas que le militaire qui teste verbalement appelle deux témoins (Ort. p. 587)?[1] Pourquoi le testament militaire est-il valable, bien que la condition de l'institution ne s'accomplisse qu'après l'année du congé (D. nᵒ 549) ?

---

[1] Enumération des priviléges dont jouissent les militaires quant aux testaments (tit. xi , *pr*. et § 2; tit. xiii , § 6; tit. xiv, § 5).

Tit. xii. Pourquoi la faculté de tester est-elle de droit public, et qu'en résulte-t-il (D. n° 552 ; *v*. C. civ. 902)? Les fils de famille peuvent-ils , sous Justinien, tester sur tous les biens dont la propriété leur est réservée (n° 554)? [1] Pourquoi le prodigue, le sourd, le muet ne peuvent-ils pas tester (Ulp. xx, 13)? Pourquoi un testament valable n'est-il pas infirmé par la folie comme par la diminution de tête (§ 1 ; tit. xvii, § 4; D. n°s 555, 557)? Quelle est la fiction de la loi Cornélia (n° 562) ?

Tit. xiii. Quest-ce que l'hérédité (*ib*. n° 527)? Qu'est-ce qu'une institution d'héritier (tit. xx, § 54)? Qu'entend-on par héritier sien (tit. xix, § 2)? Différence entre un testament nul et un testament infirmé ou rompu (D. n° 651). Pourquoi le testateur est-il dans la nécessité d'instituer ou exhéréder ses héritiers siens (n° 564)? Quel est le résultat de l'omission d'un fils (*pr*.; Gaïus, ii, 125), d'une fille ou d'un petit-fils (Ulp. xxii, 17), d'un posthume (§ 1)? Quelle fiction ont introduite les prudents dans l'intérêt des posthumes (Ulp. xxii, 4; D. n° 568)? Quelle est la forme de l'exhérédation (*pr*. et

[1] Que devient le pécule castrans dont le fils de famille n'a pas disposé par testament (*pr*.; D. n° 553, note)?

§ 1.) ? Quels sont les posthumes velléiens ? En quoi la loi Velléia était-elle nécessaire (D. n° 570) ? [1] Différence entre les enfants émancipés et les autres (§ 5 ; D. n° 573). *Quid*, pour les enfants donnés en adoption (n° 575) ? En quoi Justinien a-t-il modifié les règles de l'exhérédation (§ 5, n° 576) ?

Tit. xiv. Quelles personnes ne peut-on instituer (Ort. p. 416) ? Comment se fait-il qu'on puisse instituer les esclaves (D. n° 579)? *Quid*, si leur maître est mort (§ 2) ? Dans quelle classe d'héritiers l'esclave institué est-il rangé (§ 1, et tit. xix, § 1 et 3) ? Pourquoi l'institution que le testateur fait de son propre esclave n'est-elle pas annulée par son aliénation (D. n° 583)? Un testateur peut-il, sous Justinien, instituer l'esclave qu'il ne peut affranchir (*ib*. n° 580)? Noms des diverses parties de l'as, et leur étymologie (n°s 588, 589). Peut-on instituer un héritier pour partie, ou pour un objet déterminé, ou à terme (*ib*. n°s 590, 595, 596)? Pourquoi le terme apposé est-il réputé non écrit (D. n°s 595-596)? Pourquoi n'en est-il pas de la condition comme du terme (D. n° 598)?

[1] N'y a-t-il pas deux autres classes de quasi-posthumes (D. n° 571)?

Tit. xv. Quel motif a fait introduire les substitutions (D. n° 604)? Le droit d'accroissement (*v.* lív. iii, tit. iv, § 4) ne produit-il pas le même résultat que la substitution réciproque (§ 1), et que la règle *substitutus substituto* (§ 5)? et dès lors ne sont-elles pas inutiles, surtout depuis l'abrogation de la loi Papia Poppea (D. n°s 611, 614)? Pourquoi, dans l'espèce de Parthenius (§ 4), le substitué est-il appelé (D. n° 607)? Pourquoi l'institué n'est-il pas exclu (D. n° 608)?

Tit. xvi. But de la substitution pupillaire (D. n° 615). Qu'aura le substitué si le pupille est exhérédé (§ 4)? En quel sens y a-t-il deux testaments dans le cas de substitution pupillaire (§§ 2 et 5; D. n° 618)? Quel est l'effet de la substitution *ei qui novissimus morietur* (n° 622), de la substitution générale (n° 623)? Comment s'évanouit la substitution pupillaire (§ 8; *v.* § 3, *de adoption.;* D. n°s 625-626)? D'où lui vient le nom de substitution (n° 628)? En quoi diffère-t-elle de la substitution exemplaire (n° 629)? du fidéicommis universel (n° 627)?

Tit. xvii. Que signifient les dénominations de *injustum, ruptum, irritum, destitutum,* appliquées à un testament (D. n°s 631, 632,

767)? Compléter le § 1 par les §§ 1 et 2 du titre XIII. L'adoption de l'institué infirme-t-elle le testament (D. nᵒˢ 633, 634)? N'y a-t-il pas d'autre moyen de révoquer un testament que d'en faire un nouveau (nᵒ 639)? *Quid,* si le second testament ordonne l'exécution du premier (§ 3)? En quoi le droit prétorien modifie-t-il le droit civil, dans le cas où le testateur a été diminué de tête (§ 6)? [1]

Tit. XVIII. Étymologie du mot *inofficiosum* (D. nᵒ 646). A quelles personnes appartient la plainte d'inofficiosité (§ 1; nᵒˢ 648, 649)? Personnes auxquelles elle est refusée, parce qu'elles ont un autre moyen d'obtenir l'hérédité (nᵒ 651). Suffit-il d'avoir été exhérédé ou omis pour exercer la plainte (nᵒˢ 653-654)? Suffit-il d'avoir été institué pour en être exclus, soit avant, soit depuis Justinien (§ 3; nᵒˢ 653, 655)? Différence entre la plainte d'inofficiosité et l'action en complément du quart (nᵒˢ 655, 658). Que doit-on imputer sur la légitime (nᵒˢ 656-657)?

Tit. XIX. Quand l'esclave institué devient-il héritier nécessaire (§ 1, *combiné* avec tit.

[1] *Quid,* si c'est par suite d'une adrogation (D. nᵒ 644)? Que devient le testament d'un militaire qui subit la petite diminution de tête (tit. XI, § 5; D. nᵒˢ 641-642; Ort. p. 391)?

xiv, § 1)? D'où vient la dénomination d'héritier sien (D. n° 667; *mais v.* Ort. p. 467)? N'y a-t-il pas des cas où un fils de famille qui n'était pas sous la puissance immédiate du testateur au moment de sa mort, devient héritier sien (liv. iii, tit. 1, § 7; D. n° 667)? Quelle différence le droit prétorien met-il entre les héritiers siens et les esclaves (D. n°s 668-669)? A quelles époques doit exister la faction de testament (§ 4; D. n°s 672-674)? Doit-elle exister dans les intervalles qui séparent ces époques (n° 675)? Comment l'hérédité est-elle acquise aux diverses espèces d'héritiers (§§ 1, 2 et 7)? Qu'entend-on par faire acte d'héritier (§ 7; *v.* liv. i, tit. xxi, § 1; liv. iii, tit. 1, § 3)? *Quid,* si l'institué meurt avant d'avoir fait adition (D. n° 680)? Qu'est-ce que la crétion (Ulp. xxii, 27 et 28)? Comment les héritiers externes peuvent-ils être forcés à demander un délai pour délibérer (Ort. p. 471)? Les héritiers siens en ont-ils besoin (D. n° 685)? Peut-on cumuler le délai pour délibérer, avec le bénéfice d'inventaire (C. civ. 795 et 800; *mais v.* D. n° 686)?

Tit. xx. Qu'est-ce qu'un legs (§ 1; *v.* D. n°s 491, 492)? Que signifie la phrase *a legatario legari non potest* (tit. 24, *pr.*)? Dans quels termes se faisaient les quatre anciennes espèces de legs (Ulp. xxiv, 1 à 6; *v.* D. nᵒ 692)? Quelles actions en résultaient (Gaïus, ii, 195, 204, 215, 217, 219, 221)? Quelles actions résultent d'un legs sous Justinien (§ 2, *in f.*)? La revendication en résulte-t-elle toujours (*v.* §§ 4, 15, 21)? Le legs de la chose d'autrui est-il valable (§ 4; Gaïus, ii, 196, 197, 210)? *Quid,* si le légataire a acquis la propriété de la chose léguée (§ 6), ou seulement la nue-propriété (§ 9; liv. iv, tit. vi, § 33; D. nᵒ 703)? *Quid,* si elle lui est léguée par deux testaments (D. nᵒ 702)? Comment lègue-t-on conjointement ou séparément (§ 8)? N'y a-t-il pas une autre manière de désigner ces deux es_ pèces de legs (D. nᵒ 752)? En quoi diffè_ rent-ils sous Justinien (nᵒˢ 754, 755)? [1] Pourquoi l'aliénation que fait un légataire de sa propre chose, qu'on lui a léguée, ne rend-elle pas le legs valable (nᵒ 706)? Énoncer la règle Catonienne (§ 52). Qui a fait douter qu'on pût léguer à un débiteur sa libération (nᵒ 708)? Ce legs libère-t-il le débiteur (*ib.*)? Sous Justinien, le legs de la

---

[1] Quel est le résultat d'un legs fait *per damnatio-nem*, soit *conjunctim*, soit *disjunctim* (Gaïus, ii, 205)? Quel avantage y a-t-il à être légataire conjoint, sous la loi Papia (Gaïus, ii, 206, 207)?

créance ne sera-t-il pas presque toujours valable (*v.* § 2, *in f.*)? Sens du mot *repræsentatio* (D. n° 710). Quel avantage a l'action *ex testamento* sur l'action *rei uxoriæ* (Ulp. VI, 8 et 9)? Qu'entend-on par *vicarius servus* (§ 17; D. n° 740), *fundus instructus*, *fundus cum instrumento* (*ib.* n° 741)? Que signifie l'expression *dies legati cedit* (n° 745)? A quelle époque s'ouvrent les legs (Ulp. XXIV, 31; D. n° 746)? Le droit repose-t-il dès cette époque sur la tête du légataire (*ib.* n° 744, *in f.*). Différence entre le cas où un pécule est légué à l'esclave lui-même, et le cas où il est légué à un étranger (§ 20; D. n° 745)? Pourquoi le pécule est-il présumé donné à l'esclave affranchi entre vifs, et non à celui qui reçoit la liberté par testament (D. n° 746)? Quel est l'effet du legs d'une créance sur un tiers (n°ˢ 712, 1137, *in f.*)? du legs de genre (Ulp. XXIV, 14; D. n° 715)? En quoi diffère-t-il du legs d'option (D. n° 717)? Innovation de Justinien à l'égard de ce dernier (§ 23)? Peut-on léguer à des personnes incertaines (§§ 25 et 27)? Pouvait-on instituer, avant Justinien, un posthume externe (§ 28; *mais v.* liv. III, tit. IX, *pr.*; D. n° 724)? En quoi diffère la désignation de la détermination du legs (D. n° 731)? Peut-on léguer à l'héritier ou à l'un des héritiers (D. n° 726)? au maître ou à l'esclave de l'héritier (§§ 52-55)? Le legs fait à l'esclave de l'héritier devient-il valable s'il sort de sa puissance avant le décès (D. n° 726), ou du moins entre le décès et l'adition d'hérédité (*ib.* n° 729)? Le legs est-il valable lorsqu'il est fait avant l'institution d'héritier (§ 54)? lorsqu'il est différé après la mort de l'héritier (D. n° 755), ou du légataire (*ib.* n° 756)? Quelle est la personne que le legs à titre de peine a pour but de punir (§ 56)? *Quid,* si le fait dont on veut par là obtenir l'accomplissement est contraire aux lois (§ 56 *in f. comparé* avec le tit. xiv, § 10)?

Tit. xxi. Dans quel cas l'aliénation suppose-t-elle l'intention de révoquer (tit. xx, § 12; D. n° 760)? Pourquoi suppose-t-on la révocation faite dans le même testament (*v.* tit. xvii, § 2)? Dans quels termes doit-elle être faite, soit avant, soit depuis Justinien (Ulp. xxiv, 29; D. n° 757)? La translation d'un legs n'est-elle pas quelque chose de complexe (§ 1; D. n° 762)?

Tit. xxii. But de la loi Falcidie (*pr.*). Pourquoi avait-il été manqué par les lois antérieures (Gaïus, ii, 225, 226)? Comment la loi Falcidie s'applique-t-elle, lorsqu'il y a plusieurs institués (§ 1)? Comment concilier la décision qui met les pertes à la charge de l'héritier, avec le § 16 du tit. xx (D. n° 767, note)? Que doit-on déduïre de la masse, avant d'appliquer la loi Falcidie (§ 5; D. n° 769)? Innovation de Justinien (*ib*. 771).

Tit. xxiii. Origine des fidéicommis; étymologie de ce mot (§ 1; Gaïus, ii, 285; D. n° 773). N'y en a-t-il pas deux espèces (*v.* l'intitulé des titres 23 et 24)? Comment se fait la restitution des biens héréditaires (n° 780)? A qui et contre qui sont données les actions héréditaires après la restitution (§ 3; D. *ib*. et n° 781)? Comment, dans l'origine, l'héritier et le fidéicommissaire se tenaient-ils compte des résultats (Gaïus, ii, 252)? Comment le sénatus-consulte Trébellien résolut-il la même difficulté (§ 4)? Par quel moyen mettait-il l'héritier à l'abri des risques (D. n° 782)? Quelle était la double disposition du Pégasien (§§ 5 et 6)? Le Trébellien, quoique postérieur, ne reste-t-il pas applicable dans un cas (§ 6, *in pr.*)? *Quid*, si l'héritier restitue spontanément, sans retenir le quart (§ 6)? Dans quel cas les deux sénatus-consultes concourent-ils (§ 6, *in f.*)?

---

¹ Même question pour le cas où deux parts sont réunies en une seule (D. n° 765).

Dans quel cas l'héritier est-il assimilé à un légataire (§ 9)? Quel était le but des stipulations *partis et pro parte* et *emptæ hæreditatis* (D. nᵒˢ 784, 786)? En quoi étaient-elles dangereuses (*ib.* nᵒ 794)? Les deux sénatus-consultes subsistent-ils sous Justinien (§ 7)?

Tit. xxiv. Montrer comment les fidéicommis ont été peu à peu assimilés aux legs (tit. xx, § 3; D. nᵒˢ 774 à 777). N'y a-t-il pas toutefois quelques différences maintenues par les Institutes (*pr.*; tit. xxiii, § 10)? surtout entre les affranchissements directs et fidéicommissaires (§ 2)? Jusqu'à quel point peut-on grever quelqu'un (§ 1)? Comment se prouvent les fidéicommis sous Justinien (tit. xxiii, § 12)?

Tit. xxv. Quelle est l'utilité des codicilles (*pr.*, § 3; D. nᵒ 803)? N'y a-t-il pas des dispositions qui ne peuvent jamais être insérées dans des codicilles (§ 2)? d'autres qui peuvent y être insérées même *ab intestat* (§§ 1-2; tit. xxiii, § 10)? d'autres qui peuvent y être insérées, pourvu qu'il y ait un testament (§ 1; Gaïus, ii, 270)? Faut-il alors que le testament confirme les codicilles (D. nᵒ 804)? Faut-il qu'il les confirme expressément (§ 1)?

Livre iii. *Successions ab intestat.* Quels sont les ordres d'héritiers *ab intestat* reconnus par la loi des XII Tables (Gaïus, III, 1, 9 et 17; Ulp. XXVII, 1)? [1] Les femmes étaient-elles appelées au rang des agnats soit proprement dits, soit consanguins (tit. II, § 3; D. n° 836)? Comment l'hérédité est-elle acquise, soit aux héritiers siens, soit aux agnats (tit. 1, § 3; Ulp. XXVI, 5)? Y a-t-il dévolution d'un degré à un autre (tit. I, § 6; tit. II, § 7)?

Tit. IX. Système de succession introduit par le droit prétorien. Qu'est-ce que la possession de biens (D. n° 899)? Quelles sont celles qui supposent l'existence d'un testament (§ 3; D. n° 893)? Exemples de cas où elles s'appliquent (*pr.* ; *v.* liv. II, tit. 10, § 1; tit. 13, § 3; tit. 17, § 6). Peuvent-elles s'appliquer toutes à la fois dans la succession du même défunt (D. n° 899)? Énumération des possessions de biens *ab intestat*, et indication des personnes au profit desquelles elles sont établies (§ 3). A quels descendants profite la possession *unde liberi* (D. n°s 821, 831). A quelle obligation sont-ils assujettis (D. n° 827) [2]? Double explication de la possession *unde patronus* (D. n° 897). De quelle utilité est la possession de biens

____

[1] Un fils de famille peut-il être héritier (D. n° 849, note 2)?

[2] Dans quel cas le fils émancipé doit-il le rapport à ses propres enfants (D. n° 828)?

pour ceux que le droit civil appelle à l'hérédité (Gaïus, iii, 34)? La possession *uti ex
legibus* ne fait-elle pas double emploi avec la
possession *unde legitimi* (D. n° 904)? Dans
quel délai doit se demander la possession de
biens (§§ 8 et 10)? Dans quel cas la possession de biens est-elle *sine re* (Gaïus, iii, 35
à 37)? Quelles sont les modifications que
le droit prétorien apporte au système de
succession de la loi des XII Tables (Gaïus,
iii, 19 à 31)? Quelles sont celles que le
droit civil lui-même a introduites, notamment le sénatus-consulte Tertullien (tit.
iii, § 2)[1], le sénatus-consulte Orphitien
(tit. iv, *pr.*), les constitutions relatives aux
enfants donnés en adoption (tit. i, § 14;
(D. n° 819), aux descendants par les femmes (tit. i, §§ 15 et 16), aux ascendants
(D. n° 846), aux collatéraux (tit. ii, § 3,
in f., § 4; et tit. v, § 1)?

Tit. vii. Comment la succession des affranchis était-elle réglée par la loi des XII
Tables (*pr.*; D. n° 877)? Quelles sont les
modifications qu'y ont apportées le droit
prétorien (§ 1), la loi Papia (§ 2), Justinien (§ 3; D. n° 880)? Quel effet donne-

---

[1] Quelles sont les personnes préférées à la mère
dans la succession de ses enfants (D. n°⁸ 853 à 855)?

t-il à la parenté servile (n° 881) ? [1]

Tit. VIII. Quel est l'effet de l'assignation d'un affranchi (*pr.*) ?

Tit. X. Quel est l'effet de l'adrogation quant aux biens de l'adrogé (D. n° 918) ? quant à ses dettes (*ib.* n°ˢ 923-924) ? Origine de cette acquisition (*pr.*). A quoi se réduit-elle sous Justinien (§ 2), et pourquoi (D. n°ˢ 542, 922) ? Les *operæ* des affranchis, sont-elles transmissibles (*ib.* n° 921) ?

Tit. XI. Dans quel cas adjuge-t-on les biens d'un défunt pour valider ses affranchissements (§ 1) ?

Tit. XII. En quoi a été modifié le droit qu'ont les créanciers de faire vendre les biens de leur débiteur (D. n°ˢ 933-934) ? Quel est l'effet, quant aux biens, de la grande et de la moyenne *capitis deminutio* (*ib.* n° 935 ; § 1) ?

Obligations. Tit. XIII. Que signifient les mots : obligation (*pr.*), convention (Demante, II, n° 518), pacte (Du C. n° 1033), contrat (C. civ. 1101) ? [2] Combien y a-t-il de sources d'obligations (§

---

[1] Que décidaient le sénatus-consulte Largien (Gaïus , III , 63 , 65 à 67) ? l'édit de Trajan (*ib.* , 72) ?

[2] Notion du droit de créance et des droits réels (Blondeau, *Thémis,* VIII (au milieu) p. 2 et 9).

2) ? Comment se fait-il qu'il y ait des contrats spécialement nommés consensuels, dès que le consentement est nécessaire dans tous (D. nº 941) ?

Tit. xiv. Quels contrats réels indiquent les Instituts ?[1] Quel est le nom et le but de l'action (D. nᵒˢ 1176, 1230) qui naît de chacun d'eux (texte) ? Quel est le but de l'action contraire qui naît des trois derniers (D. nᵒˢ 950, 952, 954) ? Quel droit acquiert l'emprunteur dans le *mutuum* (*ib.* nᵒˢ 502, 943) ? En quoi ce contrat diffère-t-il de l'échange (nº 944) ? Oblige-t-il à payer les intérêts (*ib.* nº 1033, note) ? Peut-on faire, des choses qui se consomment par l'usage, l'objet d'un commodat (nº 948) ? Quels soins doivent apporter à la garde de la chose, le commodataire, le dépositaire, le gagiste (§§ 2 à 4) ?

Tit. xv. En quoi consiste la stipulation (*pr.*) ?[2] Sens restreint de ce mot (D. nº 970). Y a-t-il encore des stipulations depuis Léon (nº 960) ? Quelles sont les actions qui en résultent (D. nº 957) ?

---

[1] N'y en a-t-il pas d'autres (*v.* D. nᵒˢ 1040, 1059)?

[2] N'y a-t-il pas des cas où une promesse oblige, quoiqu'elle ne soit pas précédée d'une interrogation (D. nº 956, note) ?

Quel est l'effet du terme ou de la condition apposée à la stipulation (§§ 2 et 4) ? Un événement présent ou passé peut-il être pris pour condition (§ 6) ? N'y a-t-il pas des circonstances qui retardent implicitement l'exécution d'une stipulation pure et simple (§ 5, et tit. xix , § 27) ? Pourquoi la stipulation d'un fait est-elle indéterminée (D. n° 958) ? Pourquoi est-il prudent d'y joindre la stipulation d'une peine (*ib.*) ?

Tit. xvi. A quoi correspondent, en droit français, les *duo rei stipulandi* ou *promittendi* (C. civ. , 1197 et 1200) ? Comment doivent se faire les interrogations et les réponses dans les deux cas (*pr.* ; D. n° 971)? Quelles conséquences en résultent au profit des *rei stipulandi* , et au préjudice des *rei promittendi* (§ 1 ; D. n° 972) ?

Tit. xvii. En quel sens les esclaves peuvent-ils stipuler (*pr.* ; D. n° 976-977) ? Qui en profite (§ 1) ? *Quid*, s'il y a plusieurs maîtres (§ 3 ; tit. xxviii, § 3) ? *Quid*, s'il y a un usufruitier ou un usager (tit. xxviii, § 2 ; *mais v.* D. n° 1110 , note) ? Sous quel rapport le maître profite-t-il d'une stipulation de faire (D. n° 979) ? Signification du mot *impersonaliter* (*ib.* n° 978). Sur quoi s'établit l'usufruit

du père de famille du stipulant (tit. xxviii,
pr.) ?

Tit. xviii. Division des stipulations d'a-
près la volonté qui détermine à y recourir
(D. n° 980). Enumération et explication
des exemples donnés dans le texte , surtout
de la *cautio* (sens de ce mot) *de dolo* (D.
n° 982), et de la stipulation *damni in-
fecti* (n° 984).

Tit. xix. Quelles choses ne sont pas
susceptibles d'être stipulées (§§ 1-2) ?
Peut-on stipuler une chose pour l'époque
où elle deviendra susceptible de l'être (§§ 2
et 22) ? *Quid*, si la chose stipulée cesse en-
suite d'être susceptible de stipulation (§ 2
D. n° 991) ? Pourquoi ne peut-on stipuler
ni promettre pour autrui (n° 1003 , *v.* §
19) ? Quelle différence y a-t-il entre la
stipulation *mihi aut Seio*, et la stipulation *mihi et Seio* (§ 4 ; D. n° 1007)
Quel nom donne-t-on à Seïus dans le premier cas (*ib.*) ? *Quid*, si, de plusieurs
choses stipulées , quelques-unes seulement
sont promises (§ 18) ? Le § 5 n'est-il pas,
sous ce rapport , en contradiction avec le
§ 18 (D. n°ˢ 1000-1001) ? Quels sont les
incapables de promettre ou de stipuler (§ 6
à 10 ; *v.* tit. xviii) ? Combien de périodes,
à cet égard, faut-il distinguer dans l'âge

des pupilles (§ 10 ; D. n°s 995–996 ; *mais
v. id.* 5e édit. n° 1002) ? Quelles sont les
conditions qui, mises à une stipulation,
la rendent nulle (§§ 11, 13, 14) ? Comparer le § 11 avec le § 10, *de hœred. inst.*
(*v.* Gaïus, III, 98). Qu'était-ce qu'un
adstipulator (Gaïus, III, 110, 111, 117) ?
Rapprocher du § 15 le § 232 du IIe livre de
Gaïus. Qu'entend-on par condition prépos-
tère (D. n° 1011)? Comment a-t-elle pu
être validée (*ib.*) ?

Tit. XX. Comment s'obligent les fidéjusseurs (D. n° 1026)? N'y avait-il pas,
du temps de Gaïus, d'autres promettants
accessoires (Gaïus, III, 115, 116) ? A
quelles obligations peuvent accéder les fidéjusseurs (§ 1) ? En quoi consistent les
bénéfices de division, de cession et de discussion (D. n°s 1021 à 1023)? A quelle
époque doit se requérir la division (n°
1021)? Le fidéjusseur qui paye n'a-t-il
pas un recours contre le débiteur (§ 6 ; D.
n° 1024)? A quoi bon, dès lors, le bénéfice de cession (D. *ib.*, et n°s 1022,
1137 *in. f.*)? Quand faut-il requérir la
cession (tit. XXIX, *pr.* ; D. n° 1022)? L'o-
bligation accessoire qui excède la principale, est-elle nulle ou réductible (D. n°
1028, note)?

Tit. xxi. Tous les contrats deviennent-ils littéraux, lorsqu'on en dresse un écrit (D. nᵒ 1030)? Quel est l'écrit obligatoire auquel fait allusion le texte (Gaïus, iii, 134, D. nᵒ 1031 ; *mais v. id.* 1ʳᵉ édit.)? *V.* le § 2, *de except.*

Tit. xxii. N'y a-t-il pas des pactes obligatoires (D. nᵒ 1033 ; *v.* § 2, *de donation.*; § 3, *de except.*)? Différence entre les contrats consensuels et verbaux (nᵒ 1034).

Tit. xxiii. Quand la vente est-elle parfaite (*pr.*)? Que décide Justinien quant aux ventes par écrit (*ib.*) ? Innove-t-il en ce qui touche les arrhes (D. nᵒ 1037, *mais v.* Vinnius) ? Peut-on remettre la fixation du prix à l'arbitrage d'un tiers (§ 1 ; Gaïus, iii, 140)? En quoi la vente diffère-t-elle de l'échange, sous le rapport de l'objet (§ 2), de la perfection du contrat (D. nᵒ 1040), des obligations des parties et des actions qui en résultent (*ib.*)? Peut-on vendre la chose d'autrui (nᵒ 1049)? Quand la propriété passe-t-elle à l'acheteur (§§ 40 et 41 , *de rerum divis., comparés* avec C. civ. 1138)? Aux risques de qui est la chose vendue, avant la translation de la propriété (§ 3)? Comment concilier la décision du § 3 avec la règle *res perit domino* (D. nᵒ 1043)? avec l'équité *ib.* nᵒ 1042)? A quoi est tenu le vendeur qui n'a pas encore livré (§ 3, *in f.* ; *v.* D. nº 1157.)? Pactes accessoires : *addictio in diem* ; *lex commissoria* (D. nº 1046).

Tit. xxiv. Quelles sont les obligations des deux parties, dans le louage (D. nº 1052)? Comment les appelle-t-on , suivant qu'il s'agit d'une maison ou d'un fonds, de la jouissance d'une chose, ou d'un service (*ib.* note)? Quelles sont les règles de la vente communes au louage (*pr.*, §§ 1 et 2)? Contrats qui se rapprochent également de la vente et du louage (§§ 3 et 4). Qu'est-ce que l'emphytéose (§ 5)? Aux risques de qui est la perte totale ou partielle de la chose sujette à emphytéose (*ib.*)? Quel droit a l'emphytéote qui a perdu la possession (D. nº 1056)? Quels sont les exemples de contrats innommés, donnés par le texte (§§ 1 et 2)? Ne rentrent-ils pas la plupart dans quatre combinaisons (*v.* D. nº 1059-1060)? Quelle est la circonstance qui les rend obligatoires (*ib.*)? Quelles actions en résultent (*ib.* et nº 1040)? A quels soins est tenu le preneur (§ 5)? Comparez ses droits avec ceux de l'usufruitier (§ 6; § 36, *de rer. divis.* ; § 2, *de action.* ; D. nº 1054).

Tit. xxv. Ne peut-il y avoir communauté sans société (D. nº 1062)? Quelles sont les diverses espèces de société (nº 1063)?

4.

Comment se partagent les pertes et bénéfices, au défaut de clause spéciale (§ 1 ; D. nº 1064 ; *mais v.* Vinnius)? Peut-on convenir qu'un des associés ne prendra part qu'aux bénéfices, sans qu'il y ait société léonine (§ 2, *in f.*)? Comment se dissout la société (§§ 4 à 8)?_Quel est l'effet d'une renonciation frauduleuse(§ 4 ; D. nº 1066)? Quels soins doit apporter l'associé aux choses communes (§ 9)? [1] Quelle action résulte de la société (D. nº 1070) ?

Tit. XXVI. Dans l'intérêt de quelles personnes peut être contracté le mandat (*pr.*)? Explication des exemples donnés dans le § 2 (D. nº 1083). Le mandat dans l'intérêt d'un tiers produit-il des obligations (nº 1084)? Quel est, à l'égard du mandant, l'effet du mandat de prêter à Tertius (nº 1086)? Si le mandataire a excédé les bornes du mandat, oblige-t-il le mandant (§ 8)? Raisons pour et contre (D. nº 1090). La volonté de l'un ou de l'autre suffit-elle pour finir le mandat (nºˢ 1088 - 1089)? *Quid*, si le mandataire ou les tiers ignorent la fin du mandat (§ 10)? Y a-t-il louage

---

[1] En quoi consiste le système des trois fautes (D. nº 1075)? Est-il conforme aux textes (*ib.* et nºˢ 1076-1077)? Qu'entend-on par faute appréciée, soit *in concreto*, soit *in abstracto* (nº 1072)?

toutes les fois qu'on charge quelqu'un de faire quelque chose moyennant salaire (D. n° 1081)? Le mandataire oblige-t-il le mandant envers les tiers, ou réciproquement (*ib.* n°s 1280, 1005, note)?

Tit. XXVII. Le mot quasi-contrat a-t-il un équivalent en latin (D. n° 1092)? La définition de l'article 1371 du Code civil convient-elle à tous les cas ici énumérés (*v.* § 2; C. civ., 1370,3°)? Quelles sont les actions accordées dans ces divers cas? à qui, et dans quel but (§§ 1, 2, 3, 6; D. n° 1101)? *Quid*, si l'on fait l'affaire d'autrui sans le savoir, dans un esprit de libéralité, dans le but de s'enrichir (D. n° 1096)? A quels soins est tenu le gérant (§ 1, *in f.*; D. n° 1097)? A quelle condition a-t-il un recours (n° 1095, *in f.*)? Quelle action l'adulte et le curateur ont-ils l'un contre l'autre (n° 1098, *in f.*)? Est-ce par suite d'un quasi-contrat que l'héritier est tenu envers les créanciers du défunt (n° 1101)? Le legs *per vindicationem* donne-t-il lieu à une action personnelle contre l'héritier (D. n° 1102)? Comment se fait-il que le paiement de l'indu donne lieu à une action personnelle (n° 1105)? *Quid*, si c'est un pupille qui a payé indûment (*ib.*)? Cas où le paiement indu ne donne pas lieu à répétition (n°s 1104, 1107).

Tit. XXVIII. *V.* tit. XVII, p. 37.

Tit. XXIX. Distinction entre les manières d'éteindre *ipso jure* ou *exceptionis ope* (*v.* liv. IV, tit. XIII; D. nº 1112). Par qui peut être fait le paiement (nº 1114)? à qui (tit. XIX, § 4; tit. XXVI, § 10; liv. II, tit. VIII, § 2)? Quelle chose doit être donnée en paiement (Gaïus, III, 168)? Qu'est-ce que la novation (D. nº 1115)? Comment s'opère-t-elle (nᵒˢ 1119-1120) ¹? Qu'est-ce que la *litis contestatio* (nº 1175)? Quel est l'effet de la novation qui résulte d'une condition ajoutée (nº 1118)? Comment l'accession d'un fidéjusseur peut-elle opérer novation (*ib,* note)? Étymologie du mot acceptilation (*ib.* nº 1121). Quelle est l'utilité de la stipulation aquilienne (§§ 1 et 2)? Quels contrats peuvent être dissous par le mutuel dissentiment (D. nº 1123)? Quand faut-il qu'il intervienne (*ib.*)? Rapprochez de ce titre le § 2 du titre XIX.

LIVRE IV. *Titre* 1. Quel serait le véritable intitulé de ce titre (*v.* §§ 1 à 19)? Définition du vol (§ 1; *v.* §§ 2 et 7, *de usucap.*). Quatre opinions sur le vol manifeste (§ 3;

---

¹ Pourquoi la stipulation faite envers un esclave n'opère-t-elle pas novation, tandis qu'il en est autrement à l'égard d'un pupille non autorisé (D. nº 1116)?

Gaïus, III, 184). Actions relatives au vol, tombées en désuétude (§ 4; Gaïus, III, 192, 193). L'édit n'a-t-il pas modifié la peine du vol (Gaïus, III, 189)? Cas où l'on vole seulement l'usage ou la possession (§ 6). Espèce de l'esclave corrompu (§§ 7 et 8). Le détournement d'une personne libre est-il un vol (§ 9)? L'action *furti* ne se donne-t-elle que contre le voleur lui-même (§ 11)? La soustraction de sa propre chose est-elle un vol (§§ 10 et 14)? Même question pour la chose de celui sous la puissance duquel on se trouve (§ 12). L'action *furti* n'est-elle donnée qu'au propriétaire (§§ 13 à 17)? Est-elle donnée à un intéressé quelconque (D. n° 1137)? Un impubère s'oblige-t-il par son vol (§ 18)? A quoi tend l'action *furti* (§ 19; tit. VI, § 18)? Comment recouvrer la chose volée (§ 19; tit. VI, § 14)?

Tit. II. Le rapt d'un meuble donnant lieu à l'action *furti*, quelle peut être l'utilité de l'action *vi bonorum raptorum* (D. n° 1139)?

Tit. III. Que décident les trois chefs de la loi Aquilia (*pr.*, § 13; Gaïus, III, 215)? Quel est, dans les trois, l'objet de l'action (§§ 9, 14, 15; Gaïus, III, 216)? Divers noms de cette action (D. n° 1142). Exemple de cas où le dommage n'est pas causé *injuria* (§§ 2 à 5). Dans quels cas n'y a-t-il lieu qu'à l'action utile ou à une action *in factum*, et pourquoi (§ 16; D. nᵒˢ 1149 à 1151)?

Tit. ɪv. Divers sens du mot *injuria (pr.)*. Comment se commet un outrage (§ 1)? Sur quelles personnes rejaillit l'affront (§ 2; D. nᵒ 1155)? A quoi bon l'action que le père a de son chef, puisqu'il en a une du chef de son fils outragé (*ib.*)? Le maître en a-t-il une du chef de l'esclave (nᵒ 1156)? *Quid*, s'il y a plusieurs maîtres (*ib.* et § 4), un usufruitier, un possesseur de bonne foi (§§ 5 et 6; D. nᵒ 1158)? Quelle est la peine de l'injure (§ 7)? Disposition de la loi Cornelia (§ 8). Qu'importe de savoir quand l'injure est *atrox* (§ 9; D. nᵒ 1162)? Moyen d'extinction particulier à l'action *injuriarum* (§ 12; tit. xɪɪ, § 1).

Tit. v. Comment distinguer le quasi-délit, du délit (D. nᵒ 1166; *mais v.* Vinnius)? Comment concilier la faculté de poursuivre le juge prévaricateur, avec l'autorité de la chose jugée (D. nᵒ 1165)? A quoi sert cette faculté, dans le cas où le juge a éludé la loi à dessein (*ib.*)? Différence entre l'action *de dejectis* et l'action *de suspensis* (§ 1)¹.

¹ *Quid*, si c'est un fils de famille qui a jeté, ou prévariqué comme juge (D. nᵒ 1469)?

Qu'est - ce qu'une action populaire (D. n° 1168)? Sens des mots *exercitor, caupo, stabularius* (§ 3; tit. vii, § 2). Quelles actions a-t-on contre ces personnes (D. n° 1170)?

Actions. Tit. vi. Sens du mot action *(pr.)*, des mots *in jure, in judicio* (Du C. n° 1172). Qui parle dans la formule (n° 1173)? Qu'est-ce que statuer *extra ordinem* (n° 1172, 1081 *in f.*)? Qu'entend-on par action personnelle (§ 1), et action réelle (*ib.*; Blond. *Thémis,* iv, p. 141; ci-dev. p.35, note 2)? Noms des diverses parties de la formule (Gaïus, iv, 39). Définition de l'*intentio* et de la *condemnatio* (*id.* 41 et 43). Différence entre l'*intentio* de l'action réelle, et celle de l'action personnelle (Gaïus, iv, 41). Origine des dénominations d'action *in rem,* et d'action *in personam* (D. n° 1180 à 1182). Quels noms prennent les actions réelles appliquées aux démembrements de la propriété (§ 2)? Pourquoi n'y a-t-il pas d'action négatoire pour la pleine propriété (D. n° 1184)? [1]

Actions prétoriennes réelles (§§ 4 à 7). A qui est accordée la publicienne (§ 4)?

---

[1] Pourquoi les actions confessoire et négatoire se donnent-elles même à celui qui possède (D. n° 1184)? Explication du passage *sane uno casu* (*ib.* n° 1185-1186).

Quelle est son utilité (D. nᵒ 1190)? Comment le véritable propriétaire peut-il la repousser (nᵒ 1193)? Double hypothèse dans laquelle se donne l'action contraire à la publicienne (§ 5; *ajoutez* D. nᵒ 1195)? Quand elle se donne contre l'absent, faut-il que l'absence ait lieu dans l'intérêt de l'état (§ 5; *mais v.* D. nᵒ 1195)? Motif qui l'a fait introduire (D. nᵒ 1194). Innovation qui la rend à peu près inutile (*ib.* nᵒ 1196). Les créanciers ne peuvent-ils attaquer que les aliénations frauduleuses de leur débiteur (D. nᵒ 1199)? [1] Faut-il que l'acquéreur ait participé à la fraude (*ib.*)? A quelles fictions le préteur a-t-il recours dans les trois actions précédentes (§§ 4 à 6; Gaïus, ɪv, 36)? A qui et contre qui donne-t-on les actions servienne et quasi-servienne (§ 7)? Y a-t-il une différence entre *pignus* et *hypotheca* (*ib.*)? Quel moyen le détenteur du gage a-t-il de repousser l'action quasi-servienne (D. nᵒ 1203)?

Actions prétoriennes personnelles (§§ 8 à 12). Qu'est-ce qu'un *argentarius* (D. nᵒ 1206)? Que signifient les mots *constituere* et *recipere* (nᵒ 1209)? Comparaison des ac-

---

[1] L'action Paulienne est-elle réelle ou personnelle (D. nᵒˢ 1198 à 1200)?

tions *receptitia* et *constitutæ pecuniæ* (n⁰ 1207).
Leur fusion (n° 1208). Différence entre le
constitut et la fidéjussion (n° 1211). Distinction des actions *in jus* et *in factum*
(n° 1217; Gaïus, IV, 45, 46). ¹ But de
l'action *de jurejurando* (D. n° 1216). *Quid*,
si le défendeur avoue *in jure*, que le serment a été prêté (n° 1174)? *Quid*, si le serment a été prêté, soit *in jure*, soit *in judicio*
(n° 1215 note)?

Étymologie du mot *præjudicium* (*v.*
n⁰ 1225). Qu'offre de particulier une formule préjudicielle (Gaïus, IV, 44)? Exemples de *præjudicia* (§ 15). Qu'est-ce que la
condiction (D. n° 1230)? Résumé des principaux cas où elle se donne (*ib.* n° 1231;
ajoutez § 24 *in f.*; et liv. III, tit. 27, § 6).
Qu'entend-on par actions persécutoires de
la chose (D. n° 1233)? par actions mixtes
(§ 19; *mais v.* § 20)? ² L'action de la loi
Aquilia est-elle mixte (§ 19)? La division
du § 21 se confond-elle avec celle du § 16
(D. n° 1239)? Exemples d'actions *in tri-*

---

¹ En quel sens l'action *præscriptis verbis* est-
elle dite *in factum* (D. n° 1217, *in f.*)?

² Triple interprétation des mots *tam in rem
quam in personam*, du § 20 (*v.* C. proc. 59-4°, D.
n⁰ˢ 1236 à 1238)?

plum (§ 24 ; Gaïus, III, 191) ; d'actions qui se doublent *inficiatione* (D. nᵒ 1242). Comment peut-il se faire que celles-ci soient données au simple, puisque l'aveu du défendeur rend inutile la délivrance de la formule (*ib.* et nᵒ 1173)?

Division des actions d'après la latitude du pouvoir confié au juge (§§ 28 et 31). Comment est conçue l'*intentio* d'une formule *bonæ fidei* (*v.* Gaïus, IV, 47)? Différence des actions *bonæ fidei* et *stricti juris*, quant au dol de l'une des parties (D. nᵒ 1246), à la compensation, aux intérêts moratoires, et aux pactes faits par les contractants (*ib.* nᵒˢ 1247-1248). Par quel moyen peut-on faire produire à une action *stricti juris* des effets analogues à ceux d'une action *bonæ fidei* (§ 30 ; D. nᵒˢ 1248, 1322)? Énumérez les actions *bonæ fidei* dans l'ordre où elles sont traitées dans le IIIᵉ livre (tit. XIV, §§ 2 à 4 ; tit. XXIII à XXVI, tit. XXVII, § 1 à 4 ; *ajoutez* § 28 *hic*). Qu'est-ce que le contrat estimatoire (D. nᵒ 1058)? Quels avantages avait l'action *ex stipulatu* sur l'action *rei uxoriæ* (§ 37 ; D. nᵒ 1254)? Double innovation de Justinien (nᵒˢ 1255-1256). N'y a-t-il pas des créanciers préférés à la femme (nᵒ 1256)? Quel pouvoir spécial l'action arbitraire donne-t-elle au juge (§

31 ; D. nº 1257) ? Qu'arrive-t-il si le défendeur désobéit à l'ordre du juge (nº 1258)?
Qu'est-ce que le serment *in litem* (nº 1214)?
But de l'action *quod metus causa* (§ 27 ; nº
1243) ; de l'action *de dolo* (nº 1260).

Sur quel objet porte la *condemnatio* (§
32 ; *mais v.* Gaïus, IV , 48) ? Dans quels
cas y a-t-il plus-pétition (§ 33 ; *v.* § 9, *de le-
gatis*) ? Pourquoi entraîne-t-elle déchéance
(D. nº 1262) ? Actions où la plus-pétition
est impossible (*ib.*). Dans quel but a été
introduite l'action *de eo quod certo loco* (nº
1263) ? *Quid*, si le demandeur a réclamé
moins que ce qui lui était dû (Gaïus, IV ,
56); ou autre chose (*ib.* 55 ; § 35 *hic*) ?
En quoi consiste le bénéfice de compétence
(D. nº 126) ? Quelles personnes peuvent
l'invoquer (§§ 37 , 38 , 40)? Le donateur
n'a-t-il pas un avantage sur elles (D. nº
1268) ? Mais comment concevoir qu'il
puisse être actionné , avant Justinien (*ib.*
et nº 485, *in f.*) ? La compensation est-
elle admise entre obligations qui ne résultent pas *ex eadem causa* (§ 39 ; *mais v.* D.
nº 1274) ? Cas dans lesquels on ne peut
l'opposer (§ 30 ; *ajoutez* D. *ib.* et note 2).
S'opère-t-elle *ipso jure* (*ib.* nº 1275) ?

Tit. VII. Ne peut-on pas diviser les actions en directes (§ 8) et indirectes (*v. pr.*

et tit. viii) ? Suivant quelles distinctions
le père et le maître sont-ils tenus des faits
du fils et de l'esclave (D. nº 1277) ? Étymologie des mots exercitoire et institoire
(§ 2). Ces deux actions ne se donnent-elles
qu'à l'occasion du fait d'un individu *alieni
juris* (D. nº 1280) ? But de l'action tribu-
toire (§ 3, *in f.*). Que veut dire cette
phrase : *una est actio quæ duas habet condem-
nationes* (D. nº 1282) ? L'action *de peculio*
n'est-elle pas une modification des autres
actions, plutôt qu'une action spéciale (*ib.
in f.*) ? [1] Que doit-on déduire du pécule
(§ 4, *in f.* ; D. nº 1284) ? Avantages res-
pectifs de celles de ces actions qui peuvent
concourir (§ 5). [2] N'y a-t-il pas des cas où
le père est tenu du fait de son fils, tandis
que le maître n'est pas tenu du fait de son
esclave (D. nº 1287), et réciproquement
(§ 7) ?

Tit. viii. Quel est l'effet de l'abandon
noxal effectué, soit *in jure*, soit *in judicio*,
soit après la condamnation (D. nº 1294 ;

---

[1] Cas où l'action *de in rem verso* se trouve séparée de l'action *de peculio* (D. nº 1283).

[2] Comment se fait-il que la condiction concoure
(§ 8) avec plusieurs des actions prétoriennes du tit.
vii (D. nº 1286 ; *mais v.* Vinnius) ?

v. tit. XVII , § 1) ? Conséquence du principe *noxa caput sequitur* (§ 5). Controverse pour le cas où l'esclave tombe au pouvoir de l'individu lésé, puis en sort de nouveau (§ 6 ; Gaïus, IV, 78). L'abandon noxal s'applique-t-il aux fils de famille (§ 7 ; D. n° 1296)? N'y a-t-il pas un moyen, même sous Justinien, de poursuivre un père de famille à raison du délit de son fils (*ib.*) ?

Tit. IX. Le maître d'un animal féroce est-il tenu du dommage causé par cet animal (D. n° 1297)? Peut-on cumuler plusieurs actions pénales à raison du même délit (§ 1 ; *mais v.* D. n° 1298)?

Tit. x. Dans quels cas pouvait-on agir pour autrui du temps des actions de la loi (*pr.*; Gaïus, IV, 82 ; *v.* § 3, *de auctor. tut.*; Ort. p. 157)? Qu'est-ce qu'un *assertor libertatis* (D. n° 1226) ? En quoi le *cognitor* diffère-t-il du *procurator* (§ 1 ; Gaïus, IV, 83, 97 et 98) ? Conséquence quant à l'action *judicati* (D. n° 1301). Cas où le *procurator* est assimilé au *cognitor* (*ib.* n° 1302). Leur intervention fait-elle modifier la formule (*ib.* n° 1300)? Comment se cède une action (*ib.* n° 1137, *in f*) ?

Tit. XI. Quand une partie, plaidant *suo nomine*, est-elle obligée de fournir caution,

soit avant (*pr.*), soit depuis Justinien (§ 2)?
¹ Quelle caution doit fournir le procureur ,
soit du demandeur, soit du défendeur (*pr.*
§§ 1, 3 et 5)? Cas où il en est dispensé sous
Justinien (§§ 3 et 4). Pourquoi le *cognitor* du
demandeur en était-il dispensé (Gaïus, iv,
98) ?

Tit. xii. Y a-t-il encore, sous Justinien ,
des actions perpétuelles (D. nᵒ 1315)? Quelles
actions prétoriennes sont perpétuelles (*ib.*
nᵒ 1314)? Lesquelles sont annales (*ib.*), et
pourquoi (*ib.* nᵒ 1313) ? Actions qui ne
passent ni aux héritiers ni contre eux
(nᵒ 1317 ; *v.* Gaïus, iv, 113). Les héritiers
sont-ils tenus à raison du dol commis par
leur auteur dans un contrat (§ 1 ; *mais v.*
D. nᵒ 1318)? Si les actions sont toutes ab-
solutoires, en quoi les actions arbitraires
diffèrent-elles des autres (D. nᵒ 1257) ?

Tit. xiii. Qu'est-ce qu'une exception, dans
la procédure formulaire (D. nᵒ 1320)? Comment est-elle rédigée (Gaïus, iv, 119)?
Quelle est son influence sur la *condemnatio*
(*ib.*)? Mêmes questions pour les répliques,
dupliques, etc. (tit. xiv; Gaïus, iv, 126 ;
D. nᵒ 1344). Comment une demande juste

---

¹ Qu'était-ce que le *vadimonium* (D. nᵒ 1308 ?)

peut-elle être inique (n° 1321) ? Exemples
d'exceptions donnés par le texte (§§ 1 à 5 ;
ajoutez § 3, *de verbor. obligat.*). Dans quel cas
se donnent : l'exception *doli mali* (§ 1, *combiné* avec §§ 30 à 34, *de rerum divis.*, et § 2,
quibus alien. licet) ? l'exception *non nume-
ratæ pecuniæ* (§ 2 ; *v. de litterar. oblig.*) ? Durée de celle-ci (*ib.*); déroge-t-elle aux principes sur la preuve (D. n° 1328)? Pour quel
motif (*ib.* n° 1329, *inf.*) ? Qu'entend-on par
exception *in factum* (*ib.* n° 1325) ? Comment se fait-il que le serment produise en
même temps une action et une exception
(§ 4, *comparé* avec § 11, *de action.*)? Même
question pour la chose jugée (D. n° 1337)[1].
Toutes les exceptions sont-elles sous-enten-
dues dans les actions *bonæ fidei* (*ib.* n° 1332)?
Exemples d'exceptions introduites par le
droit civil (*ib.* n° 1338). Double division
des exceptions (§§ 8 à 10 ; § 4, *de replicat.*).
Comment reconnaître si l'inobservation du
délai accordé entraîne plus-pétition, ou
fournit une exception au défendeur (D. n°
1342) ? Exceptions dilatoires à raison de

___

[1] N'y a-t-il pas des cas où la chose jugée produit son effet *ipso jure* (Gaïus, iv, 106, 107)?
Pourquoi (Gaïus, ii, 180, 181 ; D. n° 1333)?

la personne (§ 11 ; Gaïus, iv, 124). Dans quel cas l'exception *pacti* peut-elle être invoquée par les fidéjusseurs (D. nᵒ 1348) ?

Tit. xiv. Trouver une hypothèse dans laquelle il y ait lieu à *replicatio* (*pr.*).

Tit. xv. Qu'est-ce qu'un interdit (*pr.*) ? Termine-t-il la contestation (Gaïus, iv, 141)? En cas de négative, quelle est son utilité (D. nᵒ 1349)? Triple division des interdits (§§ 1, 2 et 7). Sont-ils tous relatifs à la possession (§ 2; *mais v.* § 1)? A qui, contre qui, et dans quel but sont donnés les interdits *quorum bonorum* (§ 3) et salvien (*ib*: *comparé* avec § 7, *de action.*) ? Qu'est-ce que posséder *pro possessore* (D. nᵒ 1252) ? Combien peut-on distinguer d'espèces de possession (*ib.* nᵒ 1361)? Comment se perd-elle (*ib.* nᵒ 1362) ? Quels caractères doit-elle réunir pour donner droit aux interdits *uti possidetis* et *utrubi* (§ 4)? A quels biens sont relatifs ces interdits (*ib.*)? Qu'entend-on dans l'interdit *utrubi*, par la majeure partie de l'année (D. nᵒ 1358)? Qu'est-ce que le *precarium* (*ib.* nᵒ 1360) ? A qui se donne l'interdit *unde vi* (§ 6) ¹ ? Qu'est-ce qu'un

---

¹ Pourquoi ne se donne-t-il pas à l'égard des meubles (D. nᵒ 1364, note)?

interdit double (§ 7 *combiné* avec § 20 *de action.* ; *v.* D. n°s 1237 et 1354 *in f.*) ?

Tit. XVI. Moyens employés pour réprimer la chicane, soit avant, soit depuis Justinien (D. n°s 1369-1370). Cas où la condamnation entraîne l'infamie (§ 2; *v.* § 6, *de suspectis*).

Tit. XVII. Le juge est-il obligé de se conformer à l'édit du préteur (D. n° 1372) ? Dans les actions arbitraires, que doit décider le juge avant de rendre son *arbitrium* (§ 2, tit. VI, § 31 ; D. n° 1375) ? Différence entre la revendication et la pétition d'hérédité, quant aux fruits (§ 2 ; D. n° 1377). Sens du mot *causa* (§ 3; D. n° 1380). Qu'est-ce que *l'adjudicatio* (Gaïus, IV, 42) ? Quel est l'effet de l'adjudication (§ 7)? Qu'acquiert l'adjudicataire, dans une action en partage (D. n° 1385)? Quand l'adjudication est-elle nécessaire, surtout dans l'action *finium regundorum* (§§ 4 à 6 ; *v.* D. n° 1384)? Cas où il y a lieu à condamner dans cette dernière action (§ 6).

Tit. XVIII. En quoi diffèrent les actions publiques, des actions ordinaires (§ 1 ; D. n° 1387) ? Pourquoi les appelle-t-on publiques (*ib.* n° 1386; *v.* § 3, *de suspectis*) ? Ne peut-on, dans les cas où on a une action pénale privée, exercer une action criminelle (*v.* tit.

III, § 11, et tit. IV, § 10)? Enumération des diverses lois qui établissent des actions publiques (§§ 3 à 11). Indication des crimes qu'elles punissent, et des peines qu'elles prononcent (§§ 3 à 9 ; D. nᵒˢ 1402 à 1404).

CODE CIVIL.

———

(1er EXAMEN : les deux 1ers livres).

Qu'entend-on, en général, par droit civil (M. Demante, *Programme du cours de droit civil*, 3e édit., *introduct.* n° 9)? Quels sont les principaux objets du Code civil (*combinez* l'intitulé des livres II et III, et celui des titres 3 et 4 du liv. III)? A quelle époque a-t-il été décrété (*comparez* les dates qui précèdent les articles 1 et 530)? [1] Noms des rédacteurs du projet (Dem., *introd.* n° 39).

Titre préliminaire. Qu'entend-on par promulgation (F. Berriat, *Commentaire sur la*

---

[1] Quelle était, à cette époque, la manière de faire les lois (*Comment. sur la Charte*, p. 10)? Quelle est-elle aujourd'hui (*Charte*, art. 14 à 18)? Comment, en conséquence, définir la loi proprement dite (*Comment. sur la Charte*, p. 114)?

Charte, p. 147)? Que devrait-on entendre par là (*ib.*)? En quoi consiste la promulgation, d'après l'ordonnance de 1816 (*ib.* p. 152)? Motif de la présomption : Nul n'est censé ignorer la loi (*ib.*, et p. 155; *v.* art. 1349). Après quel délai est-elle applicable (*ib.*; p. 151)? Ce délai s'augmente-t-il à raison d'une distance moindre de 10 myriamètres (M. Duranton, *Cours de droit civil*, n° 46, note)? — Pourquoi les lois n'ont-elles pas d'effet rétroactif (*Comment. sur la Charte*, p. 127)? Que signifie cette règle (*ib.*)? Ne souffre-t-elle pas une triple exception (*ib.* p. 128), et pourquoi (*ib.*, et p. 126)? Qu'appelle-t-on loi réelle, loi personnelle (Dem., *introd.* n° 11)? Quelles sont les lois françaises obligatoires, soit pour le Français qui se trouve en pays étranger (art. 5, 3° alin.), soit pour l'étranger qui se trouve en France (*ib.* alin. 1 et 2)? De quel pays doit-on suivre la loi pour la forme des actes (47; *v.* Dem., *introd.* n° 17)? — Motif de l'art. 4 (*ib.* n° 28). Quelles règles devra suivre le juge en cas d'insuffisance de la loi (*ib.; mais v.* M. Blond., *Chrestom.* p. cix, note)? Motif de l'art. 5 (*v. Charte*, 14). Exemples d'excès de pouvoir tirés du droit romain et de l'ancien droit français (Dem., *introd.* n° 51). Sens des mots abrogation, dérogation

(*Comment. sur la Charte*, p. 122). A quelles lois peuvent déroger les conventions particulières (*ib*. p. 125; Delvincourt, *Cours de Code civil*, 3ᵉ édition pour les notes, p. 11)?

Livre I. *Titre* I. Sens du mot personne (Toullier, *Droit civil* nᵒ 168). Qu'entend-on par droits civils (Dem., nᵒ 14)? par droits politiques (*ib*. nᵒ 15)? Comment la qualité de citoyen est-elle acquise ou suspendue (*Constitution du 22 frim. an* VIII, 2 et 3; *v.* Dur. nᵒˢ 136, 137)? En quoi diffèrent la jouissance et l'exercice des droits civils (*v.* 502, *comparé* avec 510; Delv. p. 25, note 3)? Personnes qui en jouissent, sans les exercer (*v.* 28, 488). Personnes qui n'en jouissent pas (14, 25, C. pén. 42). Quand naît-on Français (Dem. nᵒ 17)? Quel privilége est attribué, soit à l'enfant né en France d'un étranger (9), soit à l'enfant d'un individu qui a été Français (10)? De quelle majorité a entendu parler l'art. 9 (3; *mais v.* Dur. nᵒ 129)? A quoi bon rechercher si un individu est Français ou étranger (*comparez* 7 et 11; *v.* Dem. nᵒˢ 29 à 31)? L'importance de cette recherche n'est-elle pas moindre depuis la loi du 14 juillet 1819 (Dur. nᵒ 147)¹? En quoi consistait le

¹ On trouvera cette loi, et celles qui seront citées par la suite, dans l'édition des Codes publiée

droit d'aubaine (Dur. n° 148)? Comment l'é-
tranger devient-il citoyen (*Constit. de l'an* VIII,
4; Dem. n° 21)? Motif de l'art. 13 (Dem.
n° 27). A quel principe fait exception l'article 14 (Proudhon, *Cours de dr. fr.*, p. 81)?
A quelle garantie est soumis l'étranger demandeur (C. civ. 16; C. pr. 166, 167)?
Pourquoi (Dem. n° 29)? Comment se perd
la qualité de Français (C. civ. 17, 19, 21)?
Est-il besoin d'une autorisation du roi pour
se faire naturaliser en pays étranger (17-1°
et 21 *comparés; mais v.* décret du 26 août
1811; *Comm. sur la Ch.*, p. 412)? — Quest-ce
que la mort civile (Dem. n° 42)? A quoi
bon la faire résulter de la condamnation à
la mort naturelle (Dur. n° 215)? Quelles sont
les autres peines qui l'entraînent (C. pén.
18)? Quels sont les effets de la mort civile
quant aux biens du condamné (C. civ. 25-1°
et 9°), quant à sa capacité de disposer (25-
5°), d'acquérir (25-2°, 33) de procéder en
justice (25-6°), de contracter (25-7°; *v. Inst.*
tit. 2, § 2, *in f.*; Dur. n° 245) ? A dater
de quelle époque est-elle encourue (26, 27;

par MM Teulet et Loiseau, soit au bas des articles
qu'elles modifient, soit dans un supplément placé
à la fin du volume.

Dur. n° 221 ; *mais v.* Toullier n° 274)? Qu'est-ce qu'une condamnation contradictoire ou par contumace (Dur. n°ˢ 220, 224)? Comment exécute-t-on par effigie (Instr. cr. 472)? Effets de la représentation du condamné par contumace, soit pendant les cinq ans (C. civ. 29), soit dans les quinze années suivantes (*ib.* 50.),[1] soit après les vingt ans (*ib.* 52 ; I. cr. 635-1°, 641). Comment sont régis ses biens pendant les cinq ans (C. civ. 28-2°; *mais v.* I. cr. 471 ; Dur. n° 228, note 2)? *Quid,* s'il meurt dans ce délai (C. civ. 51)?

Tit. ɪɪ. Signification des mots : état civil (Dur. n° 272), actes de l'état civil (Dem. n° 69). Quelle est la mission des diverses personnes qui figurent dans les actes de l'état civil (*ib.* n° 71)?[2] Quels étaient (Dur. n° 274), et quels sont les fonctionnaires chargés de les rédiger (Dem. n° 71, note)? Comment se dressent-ils (art. 54, 59)? A quoi bon y mentionner qu'ils ont été lus (C. pén. 146)? Précautions pour assurer leur

---

[1] *Quid*, dans ce cas, s'il meurt avant le nouveau jugement (C. civ. 30; *mais v.* I. cr. 476; Dur. n° 238)? — L'art. 33 est-il abrogé (*Comm. sur la Ch.* p. 404)?

[2] Les témoins doivent-ils réunir les mêmes qualités que ceux des actes notariés (37 *comparé* avec loi du 25 vent. an xɪ, 9 et 10-2°)?

conservation (40, 48); pour empêcher les altérations (41, 42). Quelle foi font les extraits des registres (45 *combiné* avec 1334)? Qu'est-ce que la légalisation (Dur. n° 299, note)? Peut-on suppléer les actes par d'autres preuves (art. 46)? Quelles formes suit-on en pays étranger (47, 48)? Responsabilité des dépositaires (51, 1383). Différences entre les faux et les altérations (Delv., p. 32, note 6). Quelles personnes sont obligées de déclarer les naissances, et dans quel ordre (56)? Sous quelle peine (C. pén. 346), et pour quel motif (Dur. n° 312)? Quels prénoms peut-on donner à un enfant (Dem. n° 87, note)? Devoir de celui qui trouve un enfant nouveau-né (C. civ. 58; *mais v.* C. pén. 347-2°). — Actes de mariage (*v.* tit. 5, ch. 2). — Motif des art. 77, 81 et 85 (Dem. n°ˢ 92, 95, 97). La rectification d'un acte se fait-elle sur l'acte même (C. civ. 101 *combiné* avec C. pr. 857)? Par qui peut-elle être ordonnée (Dem. n°ˢ 102, 103)?

Tit. III. Sens du mot domicile (Dem. n° 107). Est-il synonyme de résidence (art. 116)? Différence entre le domicile civil et politique (Dur. n° 352); réel et d'élection (*v.* Dem. n° 115). A quoi bon connaître le domicile d'un individu (C. civ. 110, 406; C. pr. 59-1°, 68)? Comment s'opère le changement de domicile (C. civ. 103)? Exemples des circonstances qui font présumer ce changement (Dur. n° 354). Motif de 117 (*ib.* n° 361). Personnes qui ont leur domicile chez autrui (108-109). Peut-on n'avoir pas de domicile (*ib.* n° 360)? Peut-on en avoir plusieurs (*ib.* n° 359)? Peut-on poursuivre au domicile réel, quand il y en a un d'élection (C. pr. 59-9°)?

Tit. IV. Signification ordinaire et légale du mot absent (Dur. n° 388). Combien de périodes la loi distingue-t-elle dans l'absence (Dem. n° 117)? Qui peut ordonner (C. civ. 112), et qui peut requérir des mesures pour gérer les biens d'un absent présumé (Dur. n° 401)? Comment concevoir qu'il soit intéressé dans une succession (C. civ. 156; *mais v.* Dur. n°s 394, 534)? Jusqu'où s'étend à son égard la mission du ministère public (Dem. n° 123)? Qui peut requérir la déclaration d'absence (Dur. n°s 415 à 419)? Sens du mot enquête (B. S. P. p. 318). Motif de 118 et 119 (Dem. n° 128). Pourquoi confier aux héritiers présomptifs l'administration des biens de l'absent (*ib.* n° 130)? [1] Y a-t-il lieu à envoi lorsque l'ab-

---

[1] Si un héritier présomptif meurt avant d'avoir obtenu l'envoi, transmet-il à ses propres héritiers le droit de l'obtenir (Dur. n° 439)?

sent a laissé une procuration (C. civ. 121-122)? *Quid,* si elle est pour plus de dix ans (Dur. n° 413)? Exemples de personnes dont le droit est subordonné au décès de l'absent (art. 123, 617; *v.* Dur. n° 419). Qu'est-ce que la communauté entre époux (Dem. n° 158)? Droits du mari sur les biens qui la composent (*ib.; v.* 1421-2°). Que signifient les mots *prendre ou conserver,* de l'art. 124 (Dem. n° 141)? Quel est le pouvoir de l'époux présent, suivant que c'est le mari ou la femme (*ib.* n° 142; et art. 1421)? Pourquoi, la visite des immeubles étant pour la sûreté des envoyés, les frais en sont-ils à la charge de l'absent (*v.* Dem. n° 154)? Pouvoir des envoyés provisoires (art. 126, 128, 134, 2126). *Quid,* si l'existence de l'absent est prouvée pendant l'envoi provisoire (131, 112)? A quelle époque doit être prononcé l'envoi définitif (129)? Droits de l'absent de retour (132). Ses descendants ont-ils à faire les mêmes preuves que ses héritiers (150 et 133; Dur. n° 530)? A qui est dévolue une succession échue à une personne dont l'existence est incertaine (136; *ajoutez* Dem. n° 154)?[1]

---

[1] Peut-on, à l'aide de 136, exclure un individu d'une succession qu'il pourrait recueillir aussi bien

Tit. v. Définition du mariage (Dur. t. 2, n° 8). Jusqu'à quel âge peut-on se marier (*ib*. n° 10)? Peine de la bigamie (C. pén. 340). De quelles personnes faut-il obtenir le consentement (art. 148, 150, 158 à 160)? Pourquoi la majorité des hommes est-elle reculée jusqu'à vingt-cinq ans, relativement au mariage (*v*. 204, 205, 207; Dur. n° 75)? Pourquoi n'en est-il pas de même pour les femmes (*ib*. n° 78)? Quand le père existe, faut-il que la mère soit consultée (Dur. n° 77, note)? Quand tous les aïeuls existent, faut-il qu'ils soient unanimes (*ib*. n° 98)? Au défaut d'aïeuls, faut-il obtenir le consentement des bisaïeuls (*ib*.)? Combien une fille majeure de 25 ans doit-elle faire d'actes respectueux (Dem. n° 177, note)? Pourquoi l'acte respectueux n'est-il pas notifié par huissier (*ib*. texte)? Dans quels cas l'inobservation des conditions fait-elle punir le maire (C. civ. 156; *ajoutez* C. pén. 193)? Pourquoi les enfants naturels n'ont-ils pas besoin du consentement de leurs aïeuls (*v*. 756, *in f*.)? — Qu'est-ce que la parenté et l'alliance (Dem. n° 183)? D'où viennent les

par représentation que par transmission (Dur. n° 547)?—L'art. 139 exclut-il de la faculté d'attaquer le mariage. le ministère public et l'époux présent (*ib*. n° 527)?

dénominations de ligne, degré, collatéraux
(Du Caur. n° 129)? Prohibitions de mariage
fondées sur la parenté (art. 161 à 165). Cas
où elles peuvent être levées (164, *combiné
avec loi du 16 avril 1832*).

Comment s'établit le domicile, quant au
mariage (74, 165)?[1] Qu'entend-on par publications (Dem. n° 196)? Où doivent-elles
se faire (art. 166 à 168)? Forme de la célébration, soit en France (75), soit en pays
étranger (48, *et d'autre part*, 170-171). —
En quel sens l'opposition arrête-t-elle le
mariage (68)? Quelles personnes peuvent la
former (172 à 175)? L'opposition d'un ascendant doit-elle être maintenue, quoique
l'enfant soit majeur, relativement au mariage (Dur. n° 191; *mais v.* Delv. p. 62,
note 7)? Motif des priviléges accordés aux ascendants en matière d'opposition (art. 176,
179; Dem. n° 214). Comment les futurs
peuvent-ils écarter l'opposition (177-178)?
En quoi la procédure en main-levée diffère-
t-elle de la procédure ordinaire (Dem. n°
215)?

Distinction entre les empêchements diri-

---

[1] Peut-on se marier indifféremment au domicile
réel, et au lieu où l'on réside depuis six mois (Dur.
n°s 221 à 223)?

mants et prohibitifs (Dur. nº 119); entre les nullités absolues et relatives (Dem. nº 218). Quelle est la circonstance qui nécessite l'intervention des juges pour annuler le mariage (*ib*. nº 217)? Indication des causes de nullité relatives (180, 182), et absolues (184, 191); des personnes qui peuvent les invoquer (180, 186 à 191); des fins de non-recevoir qui empêchent de faire annuler le mariage (181, 183, 185)[1], L'art. 185-2º entend-il parler des six mois qui suivent le mariage (Dur. nº 349)? Quand les collatéraux ont-ils un intérêt actuel à attaquer le mariage (*ib*. nº 327)? Le défaut de publications entraîne-t-il nullité (*ib*. nº 229)? Qu'entend-on par mariage putatif (Dur. nº 348)? Exemples des effets qu'il peut produire (*ib*. nºs 353, 364). — Art. 194 à 200, *v. ci-après*, tit. vii, ch. 2.

Qu'entend-on par aliments (Dur. nº 408)? Quelles personnes les doivent (203, 205 à 207, *v*. Dur. nº402, note)? Lesquelles peuvent les offrir en nature (210-211), et pourquoi (Dur. nº 415)? Quand l'alliance cesse-t-elle d'obliger aux aliments (206)? Leur quotité n'est-elle pas sujette à varier (209)? — La

---

[1] Quel est l'âge compétent dont parle 183, *in f.* (Dur. nº 307 ; *mais v*. Delv. p. 78, note 6)?

femme peut-elle être contrainte par corps à habiter avec son mari (*ib.* n° 440)? Le mariage modifie-t-il la capacité de la femme (215 à 217; 1449)? Et dans l'intérêt de qui (225; *v.* Delv. p. 79, note 11, 2e alin.)? Qu'entend-on par ester en jugement (*ib.* note 8)? Comment peut-on suppléer à l'autorisation maritale (218, 219; C. proc. 861; Dem. n° 255, note 2)? Cas où l'autorisation de justice est nécessaire (221, 222, 224). Pourquoi la femme peut-elle tester sans autorisation (Dem. n° 261)? — Manières de dissoudre le mariage (227, *combiné* avec loi du 8 mai 1816). Quand est-il dissous par la mort civile résultant d'une condamnation par contumace (25-5°; *mais v.* 227-5°, Dur. n° 521)? Pourquoi une veuve ne peut-elle se remarier immédiatement (Dem. n° 263)?

Titre VI. Qu'est-ce que la séparation de corps (Dem. n° 281; *v.* art. 214)? Quels effets du mariage laisse-t-elle subsister (*ib.* n° 282, 294 *in f.*)? Pourquoi les rédacteurs l'avaient-ils admise en même temps que le divorce (*ib.* n° 264)? Pour quelles causes peut-elle être demandée (art. 229 à 232, 307 *comparé* avec 255; C. pén. 7 et 8)? Pourquoi la loi n'assimile-t-elle pas l'adultère du mari et celui de la femme (C. pén.

357, 359; Dem. n° 266)? Quel pouvoir exceptionnel a le tribunal dans ce dernier cas (Dem. n° 276) ? Mesure pour concilier les époux (C. pr. 878).

Titre VII. *Chapitre* I. Signification et corrélation des mots filiation et paternité (Dur., t. 3 , n° 1). A quoi bon rechercher si un enfant est légitime ou naturel (*v.* 158 , 757, 908) ? Qu'est-ce qu'un enfant légitime (Dem. n° 292) ? Comment reconnaît-on qu'un enfant a été conçu pendant le mariage (n° 295)? Que signifient les mots *a pour père le mari* (512; *v.* 1549; Dur. n° 5, note) ? Quel est la durée légale de la grossesse (512-2°; v. 514 , 515) ? Quel est le but de l'action en désaveu (Dur. n° 64) ? Motif de la distinction établie par le Code entre l'impuissance naturelle et accidentelle (312 , 313 ; Dur. n° 47). Pourquoi l'adultère ne suffit-il pas pour autoriser le désaveu (Dur. n° 6) ? Quel est l'état de l'enfant né pendant, mais conçu avant le mariage (*ib.* n°ˢ 21, 22)? Dans quels cas est-il interdit de le désavouer et pourquoi (Dem. n° 295 ; *v.* art. 725-2° et 906-3°). [1] — Délai de

---

[1] L'enfant né après le 300ᵉ jour après la dissolution du mariage, peut-il être déclaré légitime (Dur. n°ˢ 56 à 58)?

l'action en désaveu (316 , 317). Contre qui doit-elle être dirigée (318 ; Dem. n° 299) ? Que signifient les mots *en présence de la mère* (Dur. n° 97) ?

Chap. ii. Quels faits faut-il prouver pour établir sa légitimité (Dur. n° 104) ?— Comment se prouve le mariage (art. 194 , *comparé* avec 1316) ? Qu'entend-on par possession d'état (Dem. n° 302)? Pourquoi ne remplace-t-elle pas l'acte de mariage (*ib.* n° 231)? N'y a-t-il pas , toutefois, un cas où elle le remplace (art. 197) ? Dans quelle hypothèse le mariage peut-il se prouver par témoins (198 ; Dur. t. 2, n°ˢ 257 , 258) ? Par qui l'action peut-elle alors être intentée (199 , 200, *comparé* avec I. cr. 1 ; Dem. n° 235) ? — Comment se prouve la filiation légitime (art. 319 , *comparé* avec 1316 ; 320 , 323-2°)? Comment se fait-il que l'acte de l'état civil prouve la filiation (*v.* 57 ; Dem. n° 301) ? Mots latins résumant les faits qui constituent la possession d'état (Dem. n° 302). Quand, et à quelles conditions la filiation peut-elle se prouver par témoins (art. 323 , 524 , *comparé* avec 1347) ? Motifs de 326 et 327 comparés avec I. cr. 3 (Dem. n° 306) ? Jusqu'à quand l'enfant peut-il réclamer son état (328 *comparé* avec 2262 ; Dur. t. 3, n° 143) ?

Ses héritiers le peuvent-ils (art. 529, 530; C. pr. 397, 403)?

Chap. III. Qu'entend-on par enfants incestueux ou adultérins (Dem. n° 309)? par légitimation (*ib.* n° 310)? par reconnaissance (*ib.* n° 313)? Qui peut-on légitimer (331-332), et comment (331)?[1] Différence entre les moyens de constater la filiation, soit légitime, soit naturelle (*ib.*)? Motif de 337 (*ib.* n° 318). Que signifient les mots : recherche de la paternité ou de la maternité (*v. ib.* n° 313-2°; art. 340 *inf.*)? Quand cette recherche est-elle permise (340-341), et pourquoi (Dem. n°s 322, 323)? Quels faits doit établir l'enfant qui recherche la maternité (*ib.* n° 323)? Lui suffit-il de produire un acte de naissance qui désigne telle personne comme sa mère (Dur. n° 236)?

Tit. VIII. Qu'est-ce que l'adoption (Dur. n° 267)? Quelles conditions sont requises dans la personne de l'adoptant (343 à 345), et pourquoi (Dem. n° 329)? De quelles personnes l'adopté doit-il obtenir le consentement (346, *comparé* avec 148, 150 et 152)? — Enumération des effets de

---

[1] A quels enfants incestueux s'applique l'exception indiquée par 331 (Dur. n° 177)? — Donner une application de 333 (*ib.* n° 183)?

l'adoption (art. 347 à 351 ; C. pén. 299).
Détruit-elle les rapports de l'adopté avec
sa famille naturelle (347, 348, 351-2°)?
Quel droit ont l'adoptant et ses héritiers sur
la succession de l'adopté (351, 352, *comparés* avec 747)? — Analyse des actes qui
composent la procédure d'adoption (353-4-
6-7-9). Pourquoi les tribunaux ne moti-
vent-ils pas leur décision (Dur. n° 297,
note)? Pourquoi l'arrêt d'admission est-il
seul prononcé à l'audience (*ib.* n° 299,
note) ? — But de la tutelle officieuse (*v.*
346, 364 et 366). Motif de 364 (*v.* 345).
Obligation du tuteur officieux qui n'adopte
pas (369).

Tit. IX. Quels sont les principaux droits
qui composent la puissance paternelle (148,
375, 384)? A quel âge un enfant peut-il
s'enrôler malgré son père (374; *mais v.*
loi du 21 mars 1832, art. 52-5°)? Pourquoi le droit de correction du père est-il
plus étendu pour les enfants au-dessous de
quinze ans, et la durée de la détention
plus courte (Dur. n° 354)? Cas où on ne
peut faire détenir que par voie de réquisi-
tion l'enfant de moins de quinze ans
(380 à 382)? Motif de 380 (Dem. n°
375). — Sur quelle considération est fondé
l'usufruit légal (*ib.* n° 379)? Pourquoi

cesse-t-il à dix-huit ans (*ib.*)? Quelles charges imposè-t-il (585) ? [1] Cas où il n'a pas
lieu (586, 587, 730, 1442-2° ; C. pén.
335-2°), et pourquoi (Dur. n°s 574, 575,
585) ?

Tit. x. Qu'est-ce que la tutelle (Dem. n°
585)? Le père est-il tuteur pendant le mariage (Dur. n° 414)? Où est l'intérêt de cette
question (art. 420 . 2121-5°) ? Dresser un
tableau comparatif des tutelles en droit
français et en droit romain (590 ,597, 402,
405). Le pouvoir de la mère tutrice est-il
aussi étendu que celui du père (591)?
Quel est le but de la nomination du curateur au ventre, et parmi quelles personnes
doit-il être choisi (Dem. n° 590)? Le nouveau mariage de la mère influe-t-il sur la tutelle (595 , 596), et pourquoi (*ib.* n° 592)?
Signification du mot solidairement (*v.*
1200). Quelle différence y a-t-il , quant à
la faculté de nommer un tuteur, entre le
cas où la mère est maintenue, et celui où
elle n'est pas maintenue (*v.* 402)? Le tuteur testamentaire est-il tenu d'accepter
(401 ; *v.* Dur. n° 443)? A quels ascendants

[1] Quels sont les intérêts dont parle 385-3o (Dur.
no 401, *mais v.* Delv. p. 97, note 3)? Même question pour les frais dont parle 385-4o (Dur. n° 402;
mais v. Delv. p. 97, note 4)?

la loi attribue-t-elle de préférence la tutelle
(402 à 404), et pourquoi (Dem. n° 397)?
L'attribue-t-elle aux ascendantes (442-3°;
mais v. 405; Dur. n° 504)? Qu'est-ce que
le conseil de famille (*ib.* n° 399)? Comment est-il composé (art. 407)? Cas où ses
membres sont au nombre de plus de six
(408). Qu'entend 408 par veuves d'ascendants (Dur. n° 459, note)? Les membres
sont-ils tenus de comparaître (413)? Signification des mots ajourner et proroger (*ib.*
n° 457, note). La voix du juge de paix
compte-t-elle pour deux (*ib.* n° 466)? Cas où
l'on nomme un protuteur (art. 417). Quelle
est la mission du subrogé tuteur (420-2°)?
Parmi quelles personnes doit-il être choisi
(423; Dur. n° 518)? Pourquoi excepter le
cas de frères germains (*ib.*; Delv. p. 115)?
Énumération des causes de dispense (Dem.
n°ˢ 416 à 421), et d'abdication (art. 431-
1°, 433, 434-2°)? Comment sont jugées
les excuses (art. 438, 440)? Aux dépens
de qui (C. pr. 150; *mais v.* 441-1°)? En
quoi diffèrent l'incapacité, l'exclusion, la
destitution (Dem. n° 425)? Une peine in-
famante produit-elle exclusion (443; *mais
v.* C. pén. 34-4°)? — Le tuteur intervient-il
dans les actes du pupille de la même manière qu'en droit romain (450-1°; *v.* 461

comparé avec *Inst.* § 1, *de auctor. tut.*)?
Classer les actes du tuteur d'après le plus
ou moins d'étendue de son pouvoir (Dur. n°
544). Pourquoi lui interdit-on d'acquérir
les biens du pupille, ou des créances contre
lui (Dem. n° 438)? Pourquoi l'oblige-t-on
à déclarer les siennes dans l'inventaire
(Dur. n° 539)? Pourquoi vendre les meubles (Dem. n° 441)? Précautions pour la
fixation de la dépense et l'emploi des revenus (art. 454 à 456). Quelles formes doit-
on suivre pour l'aliénation des immeubles
(457 à 459)? Qu'est-ce qu'une licitation
(Dem. t. III, n° 373) ? Quels sont les étrangers qui doivent y être admis (*ib.* n° 574)?
Pourquoi le tuteur ne peut-il accepter une
succession sous bénéfice d'inventaire, qu'a-
vec autorisation de la famille (802-1°;
mais v. 843, 845)? En a-t-il besoin pour
accepter une donation (463 ; *mais v.* 935-
5°; Dem. t. 1, n° 451)? Sens du mot ac-
quiescer (B. S. P. p. 403). Pourquoi faut-
il une autorisation pour exercer une action
immobilière (Dem. n° 452)? Pourquoi n'en
est-il pas besoin pour défendre à une demande en partage (*v.* art. 815)? Forme de
la transaction (467; *v.* 2044- 1°).

Sens des mots compte, reliquat (B. S.
P. p. 559 et 564, note 24). Quand le tu-

teur doit-il rendre compte (469, 470)?
Motifs de 470 (Dem. n⁰ 457-2°), et de
471-1° (*ib.*, 458). Pourquoi le mineur ne
peut-il transiger immédiatement avec son
tuteur (Dur. n° 636)? A partir de quelle
époque courent les intérêts de ce qui reste.
dû par l'un à l'autre (474 *comparé* avec
1153-3°)? Par quel délai se prescrit l'action du mineur (475, *comparé* avec 2262),
et pourquoi (Dur. n° 642)?

L'émancipation a-t-elle le même résultat
en droit romain et en droit français (*comparez*
480 et le § 6, *Instit.* liv. 1, tit. 12)? Par
qui, quand et comment le mineur peut-il
être émancipé (476 à 479)? De quels actes devient-il capable, soit seul (481, 487),
soit avec son curateur (482)? Pourquoi ne
peut-il donner décharge d'un capital (*v.*
1234, 1241; Gaïus, *Inst.*, ii, 84)? Dans
quel cas ses obligations peuvent-elles être
réduites (484-2°)? Quand et comment peut-
il être remis en tutelle (485, 486)? [1]

Tit. xi. Qu'est-ce que l'interdiction (Dem.
n° 486)? Quand est-elle applicable (art. 489;
C. pén. 29)? Nuances qui séparent l'im-
bécillité, la démence et la fureur (Dur. n°

---

[1] Peut-on retirer l'émancipation qui résulte du
mariage (Dur. n° 675, *mais v.* Delv. p, 131, note 11)?

715). Pourquoi, dans ce dernier cas, le ministère public doit-il agir (Dem. n° 488)? Qui prononce l'interdiction (492, 500)? Après quelles mesures (494, 496)? Motifs de 495 (Dem. n° 491). N'y a-t-il pas un milieu entre prononcer et refuser l'interdiction (499)? Pourquoi publier le jugement (Dem. n° 497)? — Quels sont les effets de l'interdiction (502, 505)? En quel sens les actes de l'interdit sont-ils nuls de droit (1125-2°, 1304-3°, v. Dem. n° 498)? Peut-on attaquer les actes antérieurs à l'interdiction, ou ceux d'un individu mort sans avoir été interdit (503, 504; Dem. n°s 499, 500)? — Y a-t-il lieu, pour les interdits, à tutelle légitime ou testamentaire (506; Dem. n° 502)? Pourquoi a-t-on limité la durée de leur tutelle (Dur. n° 758)? Y a-t-il similitude entre le mineur et l'interdit, quant à leurs actes (509; *mais v.* 442, 174-2°, 904)? quant à l'emploi de leurs revenus (510 *comparé* avec 455)? Pourquoi donner un conseil au prodigue (Dem. n° 509)? Pour quels actes (art. 513)? — Quel effet le placement d'une personne dans un établissement d'aliénés, a-t-il sur ses actes (Loi du 30 juin 1838, 39)? Par qui ses biens sont-ils administrés (*ib.* 31, 32)?

Livre ii. *Tit.* 1. Sens des mots chose, bien (Dem. n° 512 ; Du Caur. n° 326). Division et subdivisions des biens (516, 517, 527). A quoi reconnaît-on un immeuble par sa nature (Dem. n° 516)? Les moulins fixés sur piliers sont-ils meubles (art. 519 ; *mais v.* 531 ; Dur. t. iv, n° 22)? Que sont, en réalité, les immeubles par destination (art. 524, *in f.*, 2118)? Pourquoi la loi les répute-t-elle immeubles (C. proc. 592-1°; Pothier, *Communauté*, n° 44)? A quoi les reconnaît-on, tant sur les fonds de terre (art. 522 à 524), que dans les maisons (525)? Que sont, en réalité, les immeubles par l'objet auquel ils s'appliquent (*v. Instit.*, liv. ii, tit. 2)? Dans quelle classe de biens ranger l'usage et l'habitation (*v.* Dem. n° 641), l'usufruit des meubles par leur nature (*arg. à contrario de* 526-2°), les créances ou actions personnelles qui ont pour objet des immeubles par leur nature (*arg. à contrario de* 529)? Qu'entend-on par sommes exigibles (*v.* 1909-1°)? par rentes (Dem. t. iii, n° 710)? par actions dans une société de commerce (*ib.*, t. ii, n° 531)? Pourquoi ces actions sont-elles toujours meubles (*ib.*)? Pourquoi les rentes foncières étaient-elles immeubles autrefois (Toull. t. iii, n° 24)? Pourquoi ne le sont-elles plus (530-1°)? Pendant combien de temps peut-on suspendre leur rachat (530-3° *comparé* avec 1911)? [1]

Énumération des personnes morales qui sont propriétaires (*v.* 539, 542; *ajoutez* Dem. n° 540). Qu'est-ce que l'État (F. B. *Comm. sur la Ch.*, p. 100)? Distinguer parmi les biens de l'État ceux qui sont hors du commerce ou dans le commerce (*comparez* 538 et 540 à 539 et 541)? A quel signe peut-on les reconnaître (Dem. n° 542)?

Tit. II. Définition de la propriété (art. 544). Analyse des principaux droits qui la composent (Du Caur. n° 414; Pellat, *Usufruit*, p. 1 à 5). Dans quels cas peut-on être forcé de la céder (*Comm. sur la Charte*, p. 77, 80)? — Qu'entend-on par droit d'accession (art. 546)? Définition des fruits, en général, et de leurs diverses espèces (art. 583, 584; Dem. n°⁵ 589, 590). A qui appartiennent-ils (547, 549; *ajoutez* 582, 1774-1°, 2085-2°)? Le maître de la semence le devient-il des fruits, quand il n'est pas indemnisé (art. 548; *mais v.* Pothier, *Propriété*, n°⁵ 151, 152)? Qu'est-ce que la possession (2228), la re-

---

[1] Est-il indifférent que la rente soit établie pour le prix de la vente, ou comme condition de la cession d'un immeuble (Dur. n°⁵ 147, 152)?

vendication (Dur. n° 252)? Avantage du possesseur de bonne foi (Dem. n° 552). En a-t-il plus qu'en Droit romain (*Instit.*, §55, *De rer. divis.*)? Exemple d'un titre vicieux (Dur. n° 551).

Le propriétaire d'un fonds ne peut-il disposer que de la surface (552; *mais v.* 555 *in f.*, 664-1°; Dem. n° 557)? A qui appartient le bâtiment fait avec les matériaux d'un autre que le propriétaire (554, 555-1°)? Quelle est alors l'obligation de ce dernier, soit qu'il ait bâti lui-même (554), soit qu'un tiers ait construit de bonne ou de mauvaise foi (555-3°)? Le tiers constructeur de mauvaise foi n'est-il pas mieux traité que celui de bonne foi (Dur. n° 578)? Pourquoi donne-t-on au maître du sol le droit d'exiger l'enlèvement des matériaux (Dem. n° 560)? En quoi l'attérissement diffère-t-il du relais (*comparez* 556 et 557)? Pourquoi les riverains profitent-ils de l'alluvion (Dem. n° 562)? A qui appartient la portion reconnaissable de terrain déplacée par une rivière (559); les îles qui s'y forment (560 à 562); le lit qu'elle abandonne (565, *comparé* avec *Instit.* §23, *de rer. divis.*); les pigeons attirés par artifice dans un autre colombier (564; *mais v.* Pothier, *Propriété*, n°s 166, 167)? — Les articles sur l'accession des meubles sont-ils obligatoires pour le juge (565-1°; *mais v.* Dur. n° 431)? Ont-ils quelque utilité pratique (2279-1°; *mais v.* Dur. n° 433)?

Tit. III. Définition de l'usufruit (art. 578). Étymologie du mot (Du Caur. n° 418)? Quel droit reste-t-il au nu-propriétaire (Pell., *Usufr.*; p. 3)? Exemples d'usufruit constitué par la loi (art. 584); par la volonté de l'homme (899, 949, 1582). L'usufruitier a-t-il seulement le droit de jouir des fruits (582; *mais v.* Dem. n° 589)? Comment acquiert-il les fruits naturels (585-1°; *mais v.* Dem. n° 591)? Leur perception donne-t-elle lieu à des indemnités entre lui et le propriétaire (585-2° et 590-1° *comparés* avec 548; *v.* Dem. n° 591)? Comment acquiert-il les fruits civils (art. 586; *v.* Dur. n° 535)? Exemple (*ib.* n° 534). Quel droit a l'usufruitier de choses qui se consomment (Dem. n° 594)? [1] ou de choses qui se détériorent peu à peu (589)? Quelle controverse s'est élevée sur l'usufruit d'une rente viagère (Dur. n° 576)? Quel droit a l'usufruitier d'un bois (590 à 594)? Pourquoi ne peut-il toucher à ceux de haute futaie (Dur. n° 560)? Exemple des produits périodiques qu'il peut pren-

---

[1] Est-il débiteur à son choix, de choses pareilles, ou de leur valeur (Dur. n° 577)?

dre sur les arbres (*ib.* n° 564, note). Pourquoi n'a-t-il pas de droit au trésor, ni aux mines ouvertes depuis l'usufruit (Dem. n° 605; Dur. n° 567)? En quel sens peut-il céder son droit (Dem. n° 601)? Le nu-propriétaire est-il obligé de faire jouir (*ib.* n° 609)?

Quelles garanties exige-t-on de l'usufruitier (600, 601)? *Quid,* s'il ne les fournit pas (602 à 604)? Cas où on le dispense de caution (601); et pourquoi (Dem. n° 610)? Qu'entend-on par caution juratoire (*Instit.*, § 2, *de satisdat.*)? A la charge de qui sont les réparations (art. 605, 606), les contributions (608)? L'usufruitier contribue-t-il aux charges qui pèsent sur la pleine propriété (609, 612; Dem. n° 618)? Chercher une hypothèse pour l'application de 612 (*v.* 754). [1] Différence entre l'usufruitier d'animaux déterminés, et celui d'un troupeau (615, 616; Du Caur. n° 449)? — Quel est l'effet de l'extinction de l'usufruit (Dem. n° 626)? Événements qui l'opèrent (617 à 619; *ajoutez* Dem. n°s 634, 635). Sens du mot consolidation (617-4°, *comparé* avec *Instit.*, § 3, *de usufr.*). Faut-il que la chose ait péri

---

[1] Que signifie le renvoi de 611 à 1020 (Dem. n° 621; Dur. n° 631)?

complétement pour que l'usufruit soit éteint (617-6°, 625 ; *mais v.* 616-1°, 624 ; Dem. n° 631)? Motifs de 619 (*ib.* n° 635). L'usufruit à terme s'éteint-il par la mort arrivée avant le terme (Dur. n° 661)? Qu'est-ce que l'usage (Dem. n° 640)? Comment est-ce qu'il s'établit (625 ; *mais v.* Dur. t. v, n°s 6 et 7)? Pourquoi ne peut-il être cédé (*ib.*, n° 20)?

Tit. iv. Définition de la servitude (art. 637). Sens du mot héritage (1251-2°). Pourquoi les servitudes ne s'établissent-elles pas sur les meubles (Du Caur., n° 416)? Comment s'appellent les deux héritages (*ib.*, n° 412, note)? La servitude est-elle une charge pour tous deux (*Instit.*, § 3, *de reb. corpor.*)? Pourquoi faut-il qu'ils appartiennent à deux maîtres différents (Dur. t. v, n° 451)? A quoi fait allusion 638 (Dem. n° 650)? Les servitudes naturelles ou légales sont-elles, à proprement parler, des servitudes (Dur. n°s 146, 299)?

Chap. i. Quelle charge résulte de la position inférieure d'un fonds (640-1°)? Quels sont les droits des propriétaires des fonds qu'arrose un cours d'eau, suivant leur position par rapport à ce cours d'eau (641, 644 ; Dur. n° 174)? Différence entre celui dont l'eau borde et celui dont elle traverse l'héritage (644)? La propriété d'une source ne

peut-elle pas être modifiée par la prescription (642 , 2219), [1] ou par l'utilité publique (643, *comparé* avec 545)? Droit d'un
propriétaire relativement au bornage (646),
à la clôture (647-648). Qu'est-ce que le
droit de parcours ou de vaine pâture (Delv.
p. 165 , note 5)? Exemple pour l'application de 648 (*ib.*, note 4).

Chap. ii. Étymologie du mot *mitoyenneté*
(Dem. n° 669). En quoi la mitoyenneté
diffère-t-elle d'une communauté ordinaire
(*ib.* ; *ajoutez* Pothier, *Société*, n° 199) ?
Exclut-elle de même toute innovation (Dem.
n° 675)? Présomptions (*v.* 1349) de mitoyenneté et de non-mitoyenneté pour les
murs (653, 654), les fossés (668) et les
haies (670). Sens des mots héberge (Dur.
n°. 306), chaperons, filets, corbeaux (*ib.*
n° 309). Comment se libérer des charges
de la mitoyenneté (656)? A quel principe
fait exception 661, et pourquoi (*ib.*, n°
321)? Motif de 663 (Dem. n° 676). N'au-
rait-on pas dû, dans le cas de 664, répartir
différemment la charge de l'escalier (Delv.
p. 164, note 7)? Motif de 668 (Dem. n°

---

[1] Faut-il que les ouvrages dont parle 642 soient
faits sur le fonds supérieur (Dur. n° 181 ; *mais v.*
Delv. p. 163, note 1)?

681). Quels inconvénients peuvent résulter du voisinage des arbres (672-2° et 5°) ? Actes qu'on ne peut faire qu'à une certaine distance du voisin (671 , 674 , 678 , 679). Peut-on pratiquer des jours dans un mur de clôture (675 ; *mais v.* 676, 677)? Qu'est-ce qu'un verre dormant (Delv. p. 170, note 7)? Motif de cette précaution (Dem. n° 691). Différence entre les vues droites et obliques (678 , 679). Quand peut-on exiger un passage du voisin (682 *comparé* avec 545) ? Pourquoi (Dem. n° 695)? Par quel endroit (*ib.* n° 696)?

Chap. III. Quadruple division des servitudes (687 à 689 ; *ajoutez* Dur. n° 497). Quels sont les faits de l'homme qui les établissent (690 , 692)? Sens du mot titre dans 690 (Dem. n° 708)? Quand y a-t-il destination du père de famille (*ib.* n° 705)? Ne vaut-elle pas titre dans deux hypothèses distinctes avec des conditions différentes (*ib.* n° 707)? Qu'est-ce qu'un titre récognitif (*v.* 1557)? Une servitude peut-elle astreindre à faire (Du Caur. n° 414 ; *mais v.* 698 *in f.*)? Faut-il abandonner tout le fonds servant , pour s'affranchir d'une servitude (Dur. n° 615 ; *mais v.* Delv. p. 175, note 6)? Comment s'éteignent les servitudes (705 à 706 ; *ajoutez* Dem. n°ˢ 718 , 719 ,

724)? La consolidation produit-elle une extinction irrévocable (*ib.* n° 725)? Différence, quant à l'extinction par non-usage, entre les servitudes continues et discontinues (art. 707). Le mode de la servitude ne peut-il pas se prescrire de deux manières (Dem. n° 727)?

(2ᵉ EXAMEN : les quatre 1ᵉʳˢ tit. du livre III.)

LIVRE III. *Dispositions générales.* Triple division des modes d'acquérir la propriété (544; *v.* 2255; Dem. t. 2, nᵒˢ 2 à 4)[1]. Quels sont ces modes d'après le code civil (711, 712)? Faut-il y comprendre la tradition (711 *in f.*, 1138-2°; *mais v.* Dur. t. x, n° 452) ? et l'occupation (713; *mais v.* 714 à 717; Dem. nᵒˢ 10 à 13)? Quelles sont les choses qui n'appartiennent à personne (*Instit.* § 1, *de rer. divis.*, *combiné* avec 538)? A qui appartiennent les choses perdues (Dem. n° 14)?

Tit. I. *Chap.* 1. Divers sens du mot succession (Dem. n° 15). Époque de l'ouverture (718, 26, 27). Quand y a-t-il intérêt

---

[1] Les acquéreurs sont-ils tenus des dettes de leur auteur (*v.* 724, 871, 1009, 1012 ; *mais v.* 871, 802-1o, 1483 ; *v.*, *d'un autre côté*, 871, 1024 ; *mais v.* 747, 351 et 1743. *Ajoutez* 611 et 612; Dem. nᵒˢ 3 et 204) ?

de reconnaître lequel de deux héritiers réciproques est mort le premier (Dur., t. 6, n° 44)? Ne faut-il pas, à cet égard, distinguer trois périodes dans la vie humaine (724, 722; *v.* 1349)? Le sexe des individus morts ensemble est-il indifférent (722-1°)? *Quid,* si de trois individus morts ensemble, l'un avait moins de quinze ans, l'autre plus de seize et moins de soixante, le troisième plus de soixante (721, 722; Dem. n° 21)? Que signifie le mot *saisine* (*ib.* n° 24; art. 1026)? Les successeurs irréguliers transmettent-ils la succession (*v.* 781), s'ils meurent avant d'avoir été envoyés en possession (Delv., 3ᵉ édit. pour les notes, t. ii. p. 23, note 5)?[1]

Chap. ii. Énumération des cas d'incapacité et d'indignité (725, 727). Sens du mot viable (Dem. n° 27). Les étrangers sont-ils capables de succéder (726; *mais v.* loi du 14 juill. 1819)? Motif de 728 (Dem. n° 36 et note). Cet article a t-il atteint son but (Dur. t. vi, n° 110)? Différence entre l'incapacité et l'indignité (Dem., *Thémis,* vii, p. 1 à 10). Les aliénations et hypothèques consenties par l'indigne doivent-elles être maintenues (*ib.* p. 8; Dur. n° 126)? La succession

---

[1] Sont-ils tenus des dettes *ultra vires* (Dur., t. 7, nᵒˢ 11-18)?

dont l'indigne est exclu, peut-elle être recueillie par ses enfants (750)? [1]

Chap. III. L'origine des biens influait-elle autrefois sur la succession (Dem. n° 42)? N'y influe-t-elle plus aujourd'hui (351, 747, 766)? Différence entre succéder par représentation et succéder par transmission (Dur. t. I n° 545). Qu'est-ce que la représentation (759)? Dans quelle ligne est-elle admise (740-1°, 742)? Les petits-fils ne succèdent-ils jamais par tête (Dem. n° 52, note)? Ramener à une règle générale la succession des ascendants et collatéraux autres que les frères et sœurs (v. 733, 734, 741, 755). Les frères germains comptent-ils pour deux (v. 752)? Comment se partage la succession entre un père et un cousin maternel (753, 754)? Pourquoi appelle-t-on anomale la succession de l'ascendant donateur (Dem. n° 56)? Est-il tenu des dettes (Dur. n° 209)? A quelle condition succède-t-il (747)?

Chap. IV. Droit d'un enfant naturel (757 à 759). *Quid,* s'il y en a plusieurs (Dur. n°s 276 à 278, 284, 289)? Que résulte-t-il de ce que l'enfant naturel n'est pas héritier (Dem.

---

[1] Les enfants d'un individu prédécédé qui s'est mis dans un cas d'indignité, peuvent-ils le représenter (Dur. n° 131)?

n° 77; *mais v.* n° 76)? [1] Ses père et mère peuvent-ils réduire sa part malgré lui (Delv. p. 22, note 8; *mais v.* Dur. n°ˢ 304, 305)? Droit des enfants incestueux ou adultérins (762-2°, 764; *v.* Dem. t. 1, n° 309). Dans quel cas peuvent-ils s'en prévaloir (335, 342; *mais v.* Dur. n° 331)? — Comment se règle la succession d'un défunt enfant naturel (765, 766)? Qu'entend 766 par frères légitimes (Dem. t. 2, n° 86)? Pourquoi leur préfère-t-on les frères naturels (*ib.*)? Obligations des successeurs irréguliers (769 à 771, 773).

Chap., v. *Sect.* 1. Combien un héritier a-t-il de partis à prendre (774, 785; *mais v.* 461)? Pourquoi le tuteur ne peut-il, seul, accepter sous bénéfice d'inventaire (802-1°; *mais v.* 843, 845)? L'effet de l'acceptation est-il d'investir l'habile à succéder, de la succession, avec effet rétroactif au jour du décès, ou bien seulement de fermer à l'héritier, déjà investi par la saisine, toute voie à la renonciation (775, 777 et 789; Dur. n° 488; *mais v.* 724, 784, 785 et 790; Dem. n° 94)? Double mode d'acceptation pure et simple (778). Double sens du mot

---

[1] L'imputation à laquelle est tenu l'enfant naturel diffère-t-elle du rapport (Chabot, sur l'art. 760)?

acte dans 778 (*ib.* nᵒ 98). Faut-il, pour l'acceptation tacite, la réunion des deux circonstances exigées par 778, *in f.* (Dur. nᵒ 375) ? Actes d'abdication qui emportent acceptation (780). Différence entre la donation de droits successifs, et la renonciation (724, 920, 953). Quel parti la loi impose-t-elle aux héritiers d'un héritier (782, *comparé* avec 775 ; *v.* 843) ? Pourquoi (Dem. nᵒ 102)? Cas où l'on peut faire annuler son acceptation (783).

Sect. II. Comment se faisait (Dem. nᵒ 104), et comment se fait la renonciation (784)? Son effet (785, 786). *Quid*, si le défunt laisse un père, un cousin maternel et un frère qui renonce (786; *mais v.* Dur. nᵒ 491) ? L'accroissement est-il forcé (775 ; *mais v.* Dem. nᵒ 106) ? Droits des créanciers auxquels préjudicie la renonciation (788; *v.* 1167). Peine des héritiers recéleurs (792, 801). Le recel annulle-t-il une renonciation antérieure (792 ; *mais v.* Dur. nᵒ 482) ?

Sect. III. Délai accordé à l'héritier pour prendre parti (nᵒ 775, 798). Quel est le *minimum* de ce délai (795, *in f.*) ? Double avantage qu'en retire l'héritier (797; *v.* l'intitulé qui précède C. pr. 174). Son expiration lui enlève-t-elle le droit de délibérer

(800)? [1] Les art. 794 à 800 sont-ils à leur place (Dem. n°s 95 , 117)? — En quoi consiste le bénéfice d'inventaire (802 ; *v.* 1300, 617-4°, 705)? En quoi l'abandon qu'il permet de faire diffère-t-il d'une renonciation (Dur. , t. VII, n°s 42 , 43)? Contre qui l'héritier bénéficiaire intente-t-il ses actions (C. pr. 996)? A quoi est-il tenu envers les créanciers et les légataires (803)? Cas où il est déchu du bénéfice d'inventaire (801 ; C. pr. 988, 989). Dans quel ordre paie-t-il (808 *comparé* avec 2093)? Motif de la préférence accordée aux créanciers sur les légataires (Dem. n° 133). [2] — En quoi diffère la vacance, de la déshérence (768 et 811 ; *v.* Dur. n° 58)? le curateur , de l'héritier bénéficiaire (Dem. n° 137)?

Chap. VI. *Sect.* I. Qu'est-ce que le partage (Dur. n° 73)? N'y a-t-il pas d'autres moyens de sortir d'indivision (*ib.* n° 100)? Quels droits attribue-t-il aux cohéritiers (883 ; *v.* Dem. n° 142)? Inconvé-

---

[1] Le jugement qui condamne un individu comme héritier pur et simple peut-il être invoqué par d'autres que par ceux qui l'ont obtenu (800; *mais v.* 1351 Dur. t. 7, n° 25)?

[2] Les créanciers qui se présentent avant l'apurement ont-ils un recours contre les créanciers déjà payés (Dur. n° 35)?

nients de l'indivision (Dur. n° 75). Le testateur pourrait-il prohiber le partage pendant cinq ans (*ib*. n° 80 ; *mais v*. Chabot)? Quel caractère doit avoir la possession pour conduire un cohéritier à la prescription (*ib*. n° 88)? Qui exerce l'action en partage pour les mineurs (817-1° *combiné* avec 465)? [1] pour les absents (817-2°), pour les femmes mariées (818 *combiné* avec 1530, 1549-2°)?—Qu'est-ce que l'apposition des scellés (C. pr. 908 ; Dem. n° 150)? Quand est-elle nécessaire (819-2° *combiné* avec C. pr. 911)? Par qui peut-elle être requise (820, 819-2° *combiné* avec C. pr. 909-1° et 5°, et 910)? Qu'est-ce que former opposition au scellé (Dem. n° 151)? Quel est le tribunal compétent pour l'action en partage (822, 110)? pour les actions en garantie des lots et en rescision (822-2°; *mais v*. C. pr. 59-6°; Dur. n° 156)? Énumération des opérations qui constituent le partage (828, 829, 834, C. pr. 981, 982). Qu'était-ce que la crue (825 ; Merlin, *Répert*., mot *Crue*)? Qui décide de la vente des meubles (826, *comparé* avec 545)? Sens du mot fournissement (Dur. n° 158). Combien faut-il faire

---

[1] Le mineur émancipé a-t-il besoin de l'autorisation du conseil de famille (Dur. n° 105)?

de lots si le défunt laisse un père et un frère
(Chabot, sur 851)? Le partage irrégu-
lièrement fait est-il nul (840)? [1] Qu'est-ce
que le retrait successoral (841 *comparé* avec
545)? Sur quel motif est-il fondé (Dem.
n° 171)? Par qui peut-il être exercé (844)?
Contre qui (Dur. n° 186) ?

Sect. II. Qu'est-ce que le rapport (Dur.
n° 205)? Sur quoi est fondée l'obligation
de rapporter (Dem. n° 177)? A quoi servent
une donation entre vifs ou un legs sans dispense de rapport (845, 856,859)? Qui
doit le rapport (845, 846)? Le fils doit-il
le rapport de ce qui a été donné à son père,
qu'il en ait où non profité (848; Dem. n°
184)? De quoi est dû le rapport (851 à
854)? Motif de 852 (Dem. n° 188). Les
créanciers du défunt peuvent-ils demander
le rapport (857; *mais v*. 1166; Dur. n°s
266, 269)? Comment s'effectue le rapport
en moins prenant (830-1°) ? Dans quels
cas a-t-il lieu (859, 866 *in f*., 868, 869)?
[2] Indemnités dues à l'héritier qui rapporte,
et réciproquement (861 à 864). Garantie

[1] Dans ce cas les cohéritiers capables peuvent-ils
en provoquer un nouveau (840 ; Dur. n° 179 ; *mais
v*. 1125 ; Chabot sur 840)?

[2] N'y a-t-il pas contradiction entre les derniers
mots de 860 et de 861 (*v*. Chabot sur 861 , n° 4)?

qui lui est accordée (867). Les aliénations
et les charges consenties par le donataire
sont-elles maintenues (860, 865 ; Dem.
n°s 195, 198)? Cas où l'immeuble donné
excède la quotité disponible (866; v. 913).

Sect. III. Qu'entend-on par l'obligation
et la contribution aux dettes (Dem. n° 204
in f.)? Les héritiers peuvent-ils modifier
l'une (1165) ou l'autre (1490)? Comment sont-ils tenus à l'égard des tiers (873;
mais v. 1220, 885 ; Dem. n° 209) ? Différence entre la part virile et la part héréditaire (Delv., p. 56, note 1). Jusqu'à
quel point celui qui paye au delà de sa
part a-t-il recours contre les autres (1251-
3° ; *mais v.* 875, 876, Dem. n° 216)?
Comment se règle la portion que chacun
doit supporter en définitive (870, 871)?
Quel inconvénient spécial présente le cas où
un immeuble de la succession se trouve
hypothéqué au paiement d'une rente (*v.*
1909 ; Dur. n°s 437, 440)? Double moyen
d'y remédier (872; *v.* 1911, 530). Motif
du délai établi pour l'exécution des actes
(Dem. n° 218). — Qu'est-ce que, demander la séparation des patrimoines (Dem.
n° 219; *v.* 2095)? A qui appartient ce
droit (878, 2111, *mais v.* 881; Dem. n°
223)? Dans quel cas a-t-on intérêt à

l'exercer (*v.* Dur. n° 464) ? Cas où on ne peut plus s'en prévaloir (879, 880 ; *ajoutez* 2111). N'est-ce pas improprement que le mot novation se trouve dans 879 (Delv., p. 58, note 2)? Les créanciers de l'héritier peuvent-ils faire annuler le partage (882 *comparé* avec 1167 ; Dem. n.° 224) ?

Sect. iv. Quel était autrefois et quel est en réalité l'effet du partage (Dem. *ib.* n° 225)? Quel est l'effet qu'y attache le code civil (883)? Pourquoi (Delv. p. 53) ? Sens des mots trouble, éviction, garantie (*ib.* p. 50, note 10). Comment les héritiers sont-ils tenus de la garantie (885)? Dans quel cas cesse-t-elle (884) ? Pourquoi celle d'une rente ne dure-t-elle que cinq ans (Dur. n° 541) ?

Sect. v. Pourquoi l'erreur n'est-elle pas rangée parmi les causes de rescision (Dur. n°s 552 et suiv.) ? Pourquoi suffit-il d'une moindre lésion qu'en matière de vente (*v.* 1674 ; Delv. p. 52, note 3)? Actes non rescindables pour lésion (888, 889)? pourquoi (Dem. n°s 232, 234)? Quand s'apprécie la lésion (890) ? et pourquoi (Dem. n° 235)? Fin de non recevoir contre la rescision (891 , 892).

Tit. ii. *Ch.* 1. Disposition gratuite re-

jetée par le Code (Dur. t. VIII, n° 6) [1] Définitions de la donation et du testament (894, 895). Pourquoi 894 dit-il que la donation est un acte et non un contrat (*v.* 1105, 1984; Dur. n°ˢ 15 à 16) ? A quoi sont opposés les mots actuellement et irrévocablement (*ib.* n° 5; *v. Instit.*, § 1, *de donat.*)? Ne peut-on donner entre vifs , à terme ou sous condition (Dur. n°ˢ 20, 21), ou des objets indéterminés (*ib.* n° 23)? — Qu'estce qu'une substitution (Dem. n°ˢ 242 et 246) ? A quels caractères reconnaît-on celles qui sont prohibées (*ib.* n° 244)? Motifs de la prohibition (Dur. n° 25). Qu'est-ce qu'un majorat (F. B., *Comment. sur la Charte*, p. 457)? Un donataire d'usufruit n'est-il pas chargé de conserver et de rendre (Dur. n° 49)? Quel est l'effet des conditions contraires aux lois et aux mœurs (900; *comparé* avec 1172; *Gaïus, Instit.* III, 98 ; Dem. n° 248) ?

Ch. II. Un fou non interdit peut-il donner (Dur. n° 155) ? Un interdit sain d'esprit le peut-il (*ib.* n° 154) ? Quelle conséquence peut-on tirer de 902 (Dem. n°

[1] L'acceptation du légataire annulle-t-elle le testament (Dur. n° 11)?

250)? Le mineur peut-il donner (903, 904 *combinés* avec 1095)? [1] Conditions générales de la capacité de recevoir (906 ; *v.* *Instit,.* § 4, *de hcred. qualit.*). [1] Énumérer les individus incapables de recevoir dans certains cas ou d'une certaine façon, et les motifs de leur incapacité (907 à 910, 912 [loi du 14 juil. 1819], 997). Double moyen d'éluder les règles sur la capacité de recevoir (911-1°). Quelles sont les personnes réputées interposées (911-2°) ?

Ch. III. De quelle quotité peut-on disposer à titre gratuit (913 à 915, *combinés* avec 904, 1094 et 1098)? *Quid,* si le défunt, ayant légué tous ses biens, laisse un aïeul et un frère (Dur. n°s 309 à 311) ? Chercher une hypothèse pour l'application des derniers mots de 915-2° (*ib.* n° 313). Motif de 917 (Dem. n° 280). N'y aura-t-il jamais lieu de réduire une rente viagère (*v.* 926, 1970; Dur. n° 347) ? Motif de la double présomption établie pour les aliénations à charge de rente viagère (Dem. n° 281). — Les libérali-

---

[1] *Quid,* si un mineur laissant un aïeul paternel et un cousin maternel, a légué tous ses biens (Dur. n°s 192-193)?

[2] A quelle époque est requise la capacité de donner ou de recevoir (Dem. n°s 262 à 267)?

tés excessives sont-elles nulles (920)? Les créanciers du défunt peuvent-ils les faire réduire (921, *mais v.* 1166; Dur. nᵒˢ 524, 325)? Comment se détermine la réduction (922; Dem. nᵒ 286)? Faut-il déduire les dettes après la réunion à la masse, des biens donnés entre vifs (922; *mais v.* Dem. *ib.*)? Privilége de l'héritier à réserve auquel a été faite une donation réductible (924; Dem. nᵒ 288; *mais v.* Delv. p. 69, note 9)? Dans quel ordre réduit-on les libéralités excessives (925 à 927)? Les hypothèques sont-elles maintenues (929)? Le réservataire peut-il attaquer les tiers acquéreurs (950), et dans quel ordre (Dem. nᵒ 292)?

Ch. ɪv. *Sect.* ɪ. Résulte-t-il de 951, que toute donation soit nulle faute d'acte notarié (Dur. nᵒ 588)? Comment prouver que cet acte est nécessaire en principe (941, 948, 1559)? qu'il est inutile pour aliéner gratuitement un meuble (1141, 2279)? Que résulte-t-il de ce que l'acceptation doit être expresse (*ib.* nᵒ 414)? Qui peut accepter la donation faite à un mineur (935, 463), à un sourd-muet (936)? Comment la propriété est-elle transférée au donataire (938, *comparé* avec *Institut.*, § 40, *De rer. divis.*)? Quel est le but de la transcription , et quelles formalités a-t-elle remplacées (Dem. nᵒˢ 306, 307) ? Est-elle exigée pour toutes les donations d'immeubles (959 , 2118 *combinés* avec 526) ? Personnes chargées de la faire (940, 942). Qui peut opposer le défaut de transcription (941) ? ᵗ Quadruple conséquence de la maxime , donner et retenir ne vaut (943 à 946) ? Pourquoi la loi exige-t-elle un état des meubles (Dem. nᵒ 318)? Qui a fait douter que le donateur pût se réserver l'usufruit (*ib.* nᵒ 319), ou stipuler le droit de retour (*ib.* nᵒ 321)? Effet de ce droit (952 ; *v.* 2121-2ᵒ).

Sect. ii. Causes pour lesquelles les donations peuvent être révoquées malgré le donataire (953). Quels sont les cas d'ingratitude (955)? *Quid*, si les aliments excèdent la valeur du bien donné (Dem. nᵃ 326)? Contre qui, et par qui peut être demandée la révocation pour ingratitude (957-2ᵒ ; Dem. nᵒ 329)? Dans quel délai (957-1ᵒ) ? Sur quoi est fondée la révocation pour survenance d'enfants (Dem. nᵒ 331)? Était-il besoin de mentionner comme exception les donations des ascen-

___

ᵗ Les héritiers du donateur le peuvent-ils (Dur. nᵒ 518)?

dants aux conjoints (Dur. n° 574) ? Motif de 961 (Dur. n° 552). Quel est l'effet des trois révocations quant aux charges et aliénations consenties par le donataire (954, 958, 965) ? Opèrent-elles de plein droit (956, 960) ? De quelle époque commence à courir la prescription en cas de survenance d'enfants (966, *comparé* avec 2265 ; Dem. n° 558) ?

Ch. v. Pourquoi plusieurs ne peuvent-ils tester dans le même acte (Dem. n° 541 ; Dur. t. 9, n° 9) ? Le testament olographe est-il nécessairement nul s'il renferme des mots écrits d'une main étrangère (Dur. n° 27) ? La loi du 25 ventose an xi est-elle applicable aux testaments par acte public (*ib.* n° 49 ; *Comm. sur la Ch.* p. 124) ? En cas d'affirmative, donnez des exemples (*ib.*) Le notaire est-il tenu d'écrire textuellement les mots employés par le testateur (*ib.* n° 77) ? A quoi sert la mention qu'il fait de l'accomplissement des formalités (Dem. n° 546) ? Motif de 974 (*ib.* n° 548). Individus qui ne peuvent être témoins du testament par acte public (975 ; *mais v.* Dur. n° 115). De combien d'actes se compose le testament mystique (976)? Cas où le testateur ne peut signer (977), lire (978) ou parler (979). Conditions générales pour être témoin d'un testament (980). ₁ Dans quelle circonstance peut-on avoir recours à des formes spéciales (984, 985, 988)? Combien de temps le testament fait ainsi est-il valable (984, 987, 996) ? Comment peut-on tester en pays étranger (Dem. n° 568)?

Qu'est-ce qu'un legs (1002 ; Dem. n° 572)? Quel est l'effet d'une institution d'héritier (*ib*. et 1005) ? Sens du mot universalité (*ib*. n° 573). Définitions des trois espèces de legs (1003 et 1010 ; Dem. n° 587)? Ne peut-il pas arriver qu'un légataire universel n'ait rien (*v*. Dur. n° 179)? Qu'un légataire particulier ait tout (*ib*. n° 251)? ₂ Le legs de *toutes mes maisons* est-il à titre universel (*ib*. n° 227)? Quelle différence y a-t-il entre un legs universel fait à deux, et deux legs à titre universel de la moitié (*ib*. n°s 184, 185)? A partir de quelle époque le légataire universel a-t-il droit aux fruits (Dem. n° 577)? ₃ Ne peut-il pas faire réduire les

---

₁ Faut-il être citoyen (Dur. n° 110)?

₂ Doit-on considérer comme universels, 1° le legs de l'usufruit de tous les biens (610 ; *mais v*. 1003 ; Dur. n° 208)? 2° le legs des biens disponibles (Dur. n° 181)?

₃ Le légataire universel saisi est-il tenu des dettes *ultra vires* (Dur. t. VII , n° 14)?

legs particuliers, quand il concourt avec un héritier à réserve (1009 ; *mais v. 926 in f.*) ? Y a-t-il des cas où il ne le puisse pas (927 ; Dur. nᵒ 205) ? Par qui sont payés les legs particuliers quand il y a concours d'héritiers légitimes et de légataires à titre universel (*v.* 610 ; Dem. nᵒ 386) ?

Quel droit résulte du legs pour le légataire (Dem. nᵒ 388) ? De quelle époque le légataire particulier a-t-il droit aux fruits (1014-2ᵒ, 1015) ? Motif de 1016-4ᵒ (Dem. nᵒ 390). Quelle garantie la loi accorde-t-elle aux légataires pour l'acquittement de leurs legs (1017-2ᵒ, 2117-1ᵒ) ? Le legs comprend-il les augmentations faites par le testateur (1019) ? Oblige-t-il l'héritier à dégrever la chose léguée (1020 ; Dem. nᵒ 395) ? Pourquoi le Code déclare-t-il nùl le legs de la chose d'autrui (*ib.* nᵒ 596) ? Peut-on léguer un objet indéterminé quand il n'y en a pas de même espèce dans la succession (Dur. nᵒ 241) ? Pourquoi le légataire particulier n'est-il pas tenu des dettes (Dem. nᵒˢ 3, 206) ? A-t-il un recours s'il paye une dette hypothécaire (874 ; *v.* 611) ? — Qu'est-ce qu'un exécuteur testamentaire (1031-4ᵒ ; Delv. p. 99) ? Quel privilége peut lui donner le testateur (1026) ? Quelles sont ses fonctions (1031) ? La femme mariée peut-elle les accepter (1029 *comparé* avec 219 ; Dem. n° 404) ? S'il y a plusieurs exécuteurs, comment sont-ils responsables (1033 ; *v.* 1200) ?

Par quel acte peut-on révoquer un testament (1035) ? [1] Peut-on avoir plusieurs testaments (1036 ; *Instit.*, liv. 2, tit. 17, § 2) ? L'aliénation opère-t-elle révocation (1038) ? Sens du mot caducité (Dem. n° 410). Quelles sont les causes de caducité (*ib.* n° 417) ? Qui profite de la disposition caduque (*ib.* nos 425, 426) ? Quand un legs est-il réputé fait conjointement (1044, 1045) ? Combien distinguait-on à Rome de légataires conjoints (Dur. n° 505) ? Le Code n'a-t-il pas innové par rapport aux conjoints *re tantum* (Dem. n° 429) ? Cette innovation est-elle rationnelle (*ib.*) ? Cas où l'héritier peut faire révoquer judiciairement un legs (1046, 1047, *comparés* avec 955 et 955).

Ch. VI. Exceptions admises par le Code, au principe de la prohibition des substitutions

---

[1] La révocation contenue dans un acte olographe, sans autre disposition, est-elle valable (Dur. n° 431 : *mais v.* Delv. p. 101, note 2) ?

[2] L'interprétation que Proudhon a donnée de 1045 est-elle admissible (Dur. n° 510) ?

(1048, 1049, 896-3°, *mais v. F. B. Comm. sur la Charte*, p. 438)? Exceptions apportées par la loi du 17 mai 1826 (Dem. nᵒˢ 456, 458)? Laisse-t-elle subsister le principe (Dur. n° 551) ? De quelle nature est le droit d'un grevé de substitution (Delv. p. 105)? Mesures dans l'intérêt des appelés (1055, 1058, 1062, 1065). Dans quel délai le grevé doit-il placer l'argent (1065, 1066; Delv. p. 108, note 2) Comment le placer avec privilége (2103-2°, 1250-2°)? Mesure dans l'intérêt des tiers (1069). Personnes qui ne peuvent invoquer le défaut de transcription (1072; Dem. n° 466). Le grevé y est-il compris (Dem. n° 467)?

Ch. vii. Un collatéral ne peut-il pas faire la distribution de ses biens entre ses héritiers (Dur. n° 648)? En cas d'affirmative, à quoi bon donner spécialement ce droit aux ascendants (*comparez* 913 et 1077, *in pr. v.*; Dem. n° 473)? Pour quelles causes peut être attaqué le partage (1078, 1079)? A quelle condition (1080)? Par qui (1078; Dem. n° 478) ?

Ch. viii. Triple espèce de donations par contrat de mariage (1081, 1082, 1084)? A quelles règles est soumise la donation de biens présents (1081 [906-1°, 939, 948] ; *mais v.* 939, 1087, 1088 ; Dem. n° 485 *in f.*) ? Qu'est-ce qu'une institution contractuelle (1082) ? D'où vient cette dénomination (Dem. n° 486) ? A quels principes déroge-t-elle (894 , 906-1°, 1130-2°) ? Ne contient-elle pas une substitution vulgaire tacite (*ib.* n° 487) ? En quel sens est-elle irrévocable (1083) ? Quel est l'effet de la donation de biens présents et à v. nir à laquelle un état des dettes existantes a été annexé (1084) ? ¹ Son avantage sur l'institution contractuelle (Dem. n° 490). Quel est son effet au défaut d'état (1085) ? La règle, donner et retenir ne vaut, est-elle applicable aux donations par contrat de mariage (1086 *comparé* avec 943-946) ?

Ch. ix. Différence entre l'institution contractuelle ordinaire et celle qui est faite par un époux (1093, *in. f.*) ? Quel en est le motif (Dur. n° 759) ? Que peut-on donner à son conjoint (1094 *comparé* avec 913-915 ; 1098) ? L'article 1094-1° est-il rationnel (Dem. n° 507) ? La quotité disponible est-elle plus forte qu'au profit d'un étranger, quand il y a des enfants (Dur. n° 787) ? Les derniers mots de 1094 ne sont-

¹ Le donataire est-il immédiatement saisi des biens présents (1089, Dur. n° 736 ; *mais v.* 1081 ; Delv. p. 111 , note 13) ?

ils pas superflus (Dem. nᵒ 508) ? Pourquoi la quotité est-elle plus faible quand il y a des enfants d'un premier lit (*ib.* nᵒ 512) ? Qu'est-ce qu'une part d'enfant légitime le moins prenant (*ib.*) ? Double moyen d'éluder les règles sur la quotité disponible (1099-2ᵒ). Quelles personnes sont réputées interposées (1100 *comparé* avec 911) ? De qui doit être assisté l'époux mineur qui donne par contrat de mariage (1095 ; *v.* 148 et suiv.) ? Pourquoi les donations pendant le mariage sont-elles révocables (Dem. nᵒ 510) ?

Tit. III. *Chap.* I. Que signifie le mot obligation (Dem. nᵒ 516)? Sens actif et passif du mot (*v.* Toullier, t. VI, nᵒ 11). [1] Noms des deux personnes que lie l'obligation (*v.* 1242). Qu'est-ce qu'une convention (Dem. nᵒ 518) ? un contrat (1101) ? Sens pratique de ce mot (1567 , *in f.*). —Quelles sont les divisions indiquées par le Code (*v. d'une part* 1102-1103 ; *d'autre part* 1104 à 1106 ; *v.* aussi 1107-1ᵒ)? Ne peut-on pas subdiviser les contrats synallagmatiques en parfaits et imparfaits (*v.* 1957 ; Pothier , *Obligat.*

---

[1] Notion du *jus in re* et du *jus ad rem*, ou droit réel et droit de créance (Blond. , *Thèmis* , VIII , au milieu, p. 2 et 9, sinon *v.* Delv. t. 1 , 446).

n° 9 ; Dem. n° 520)? Les contrats commutatifs ne se confondent-ils pas avec les synallagmatiques (Dur. t. x, n° 75)? La division en contrats commutatifs et aléatoires est-elle une division principale, ou une subdivision (Poth., *Obl.* n° 13 ; Delv. p. 119)? Y a-t-il des contrats aléatoires qui n'offrent de chances que pour l'une des parties (1104-2° ; *mais v.* 1964-1° ; Dur. n° 77)? Qu'importe qu'un contrat soit nommé ou innommé (Dur. n° 92)? — Divisions qui ne se trouvent pas dans le code (Poth., *Obl.* n° 14 ; Dem. n° 524).

Chap. ii. Conditions nécessaires à la validité d'un contrat (1108). Leur absence l'annulle-t-elle toujours de plein droit (1108-1° ; *mais v.* 1117, 1304-2°)? Suffit-il , pour la validité d'un contrat unilatéral, du consentement de la partie obligée (1108-2° ; *mais v.* 1101; Dem. n° 528)? Quels sont les vices qui annullent le consentement (1109)? — Quand l'erreur produit-elle seulement une action en nullité (1110)? Quand annulle-t-elle de plein droit (Dem. n° 530, 531)? De quelle nature doit être la violence (1112, 1114)? Sur qui faut-il qu'elle soit exercée (1115)? Qu'est-ce que le dol (Dem. n° 541)? N'y en a-t-il pas deux espèces (Dur. n° 170, 171)?

De qui faut-il qu'émanent, soit la violence, soit le dol (1111, 1116)? Raison de la différence (Dur. n° 176). Cas ou la lésion opère nullité (887, 1674, 1305). — Que signifie le mot stipuler (Delv. p. 126, note 10; Du C. n° 970)? La stipulation pour un tiers rend-elle créancier, soit le tiers (1165), soit le stipulant (1119)? La promesse pour un tiers oblige-t-elle, soit le tiers (1165), soit le promettant (1119 ; Dem. n° 544)? Motif de 1119 (*ib.*). Exceptions relatives, soit à la promesse (1120), soit à la stipulation (1121 ; Delv. p. 127, note 2), ' soit à toutes deux (1119, 1122, Dem. n° 545 ; *ajoutez* n° 547). Qu'est-ce que : se porter fort pour quelqu'un (*ib.*); n° 546 ; Dur. n° 217) ? Est-on censé promettre pour ses héritiers (1122; *mais v.* 724)? Sens du mot ayant-cause (1122; Dur. n° 252).

L'incapacité annulle-t-elle un contrat de plein droit (1108; *mais v.* 1304)? Qui peut l'invoquer (1125, Dem. n° 554) ?— Qu'est-ce que l'objet d'une obligation (*v.* 1126; Dem. n° 555)? Indiquer des con-

----

¹ Faut-il le consentement des deux parties pour révoquer une stipulation faite dans les termes de 1121 (Dur. n° 214 ; *mais v.* 1134-2°) ?

trats qui ont pour objét un fait , ou bien l'usage ou la possession d'une chose (Dur. n°s 295 , 296). L'objet peut-il être indéterminé , quant au genre , à l'espèce , ou à l'individu (1129 ; D m. n° 558) ? La stipulation d'une chose future est-elle pure et simple (*ib.* n° 559) ? Pourquoi a-t-on prohibé celle d'une succession (Dur. t. VI, n° 474) ? — Qu'est-ce que la cause d'un obligation (Poth., *Obl.* n° 42) ? L'erreur sur l'objet ou sur la cause annulle-t-elle de plein droit (Dem. n°s 551 , 562, 775) ?

Chap. III. Distinguer les choses qui sont de l'essence des contrats, ou de leur nature, ou qui leur sont accidentelles (Poth. n°s 6 à 8). — Décomposer l'obligation de donner (1136). Étendue de l'obligation de conserver (1137). En quoi consistait le système des trois fautes (Du Caurroy, n° 1075)? [1] — Comment la propriété est-elle transférée dans le cas d'une obligation de donner (711 , 1138-2° *comparés* avec Pothier, *Obl.* n° 151 ; Dem. n° 570) ? [2] N'y a-t-il pas

---

[1] N'est-il pas maintenu par 1137-2° (Dur. n° 408 et suiv.)?

[2] La transcription n'est-elle pas encore nécessaire pour transférer la propriété des immeubles à l'égard des tiers (941 , 1583 ; Dur. n°s 427 à 429)?

des cas où la propriété n'est transférée que par la tradition (Dur. n° 452)? *Quid*, à l'égard des meubles (*ib.* n° 451)? — Différence entre l'obligation de faire et celle de donner (*ib.* n°s 593 à 595).

Étymologie du mot demeure (Dur. n° 441). Comment s'opère la mise en demeure (1139 ; *v.* 1153-5°)? L'inexécution suffit-elle pour donner lieu à dommages-intérêts (1146, 1145)? Double idée contenue dans cette expression (1149 ; Toullier, n° 257). Quel est le *maximum* des dommages-intérêts (1151)? A quoi se réduisent-ils, en cas de bonne foi (1150)? en cas de force majeure(1148)? *Quid*, si une clause en fixe le montant (1152 *combiné* avec 1231) ? Quel est le montant des dommages-intérêts , lorsque l'obligation a pour objet une somme d'argent (1153 ; *loi du 3 sept.* 1807)? et pourquoi (Dur. n° 490) ? A partir de quel moment sont-ils dus (1153-5° *combiné* avec C. pr. 57) ? Sens du mot demande (*v.* 1154; C. pr. 61-5°). Qu'entend-on par anatocisme (Dur. n° 495) ? Jusqu'à quel point est-il prohibé (1154) ? Pourquoi (Dur. n° 497) ? Exception (1155; Dem. n° 587). — En quel sens une convention peut-elle *nuire* ou *profiter* (1165 ; Dem. n° 595)? Cas où elle profite aux tiers (1121 , 1166,

v. 2093). Les créanciers peuvent–ils exer–
cer les droits de leur débiteur , de leur au–
torité privée (*v.* 788-1°; Dem. n° 596,
note) ? Exemple de droits personnels (*ib.*).
Quand un acte est-il préjudiciable aux créan–
ciers (*Institut.*, liv. ı, tit. 6 , § 5) ?
Quand est-il fait en fraude de leurs droits
(*ib.*)? ' Que peuvent-ils faire dans ce cas
(1167-1°, Du Caur. n° 1200 ; *mais v.* 1167-
2°, 882; Dem. n° 598) ?

Chap. ıv. ² *Sect.* ı. Divers sens du mot
condition (Dem. n° 601). Triple division
des conditions (1168, 1169 à 1171 ; Dem.
n° 604). Un événement présent ou passé
forme–t-il une véritable condition (1181 ;
mais v. Inst., § 6, *de verb. obl.*) ? Effet
des conditions contraires à l'ordre public
(1172; *mais v.* 900). Effet de la condition
potestative (1174 ; Dem. n° 609). Quand
la condition est-elle censée accomplie ou

' Y a-t-il des cas où les créanciers puissent faire
annuler des actes de leur débiteur, par cela seul
qu'ils en éprouvent un préjudice (788; Dur. no
567 ; *mais v.* Toull. n⁰ˢ 348 à 351) ?

² Avant d'étudier le chap. ıv, et surtout la sect.
ıv, il convient de prendre des notions sur le paie–
ment (Dem. no 689), les offres (1257), la remise
de la dette (1285), la confusion (1300), et la perte
de la chose due (1302).

10.

défaillie (1176, 1177)? Quelle est la position des parties avant l'accomplissement de la condition suspensive (*Instit.*, § 4, *de verb. obl.* ; 1180) ? *Quid*, si l'une d'elles vient à mourir auparavant (*ib.* ; art. 1179) ? Aux risques de qui est la chose due sous condition suspensive (1182 *comparé* avec 1138-2°; Dem. n° 616) ? Exemple d'obligation sous condition résolutoire (*v.* Dur. n° 85). Quel est l'effet de la condition résolutoire accomplie, soit après (1183-2°), soit avant le paiement de l'obligation (1183-1°; *v*. 1234-9°)? Opère-t-elle de plein droit (*arg. de* 1184 2°)? *à contrario*)? Dans quels contrats est-elle sous-entendue, et pour quel cas (1184) ?

Sect. ii. Qu'est-ce que le terme (Dur. tome xi, n° 96) ? Ses différentes espèces (Dem. n° 622). Comparez les effets du terme et ceux de la condition suspensive (1182, 1186; 1258-4° et 5° ; Dur. n° 105). Cas où le débiteur est déchu du bénéfice du terme (1188, *mais v.* C. pr. 124, Dur. n° 117). Sens du mot faillite (C. com. 437).

Sect. iii. Comparaison des obligations alternatives et facultatives (Dur. nᵒˢ 153, 154). *Quid juris*, si les deux choses dues sous alternative viennent à périr sans la faute du débiteur (1195), ou par sa faute, soit que le choix lui appartienne (1193),

soit qu'il ait été accordé au créancier
(1194)? Les articles 1193-2° et 1194-3°
ne sont-ils pas susceptibles de critique
(Dur. n°s 144, 148)?

Sect. IV. Étymologie du mot solidarité
Dem. n° 642). Quand l'obligation est-elle
(solidaire, soit entre les créanciers, soit entre les débiteurs (1197, 1200)? L'un des
créanciers solidaires peut-il faire remise totale au débiteur (1198; Dur. n° 174)? —
Exemples de solidarité légale (1033; C.
pén. 55). Quel est le résultat de la perte
de la chose arrivée par la faute de l'un
des débiteurs solidaires (1205; Poth., *Oblig.*
n° 273)? de la demande dirigée contre l'un
d'eux (1207; *v.* 1153)? Ces deux résultats
ne sont-ils pas contradictoires (Dur. n°
249; Dem. n° 656)? Quel est l'effet,
quant à la prescription (2219; 2244), de
la demande dirigée contre l'un des débiteurs
(1206; *v.* 1199), ou contre l'un de ses héritiers (2249-2° et 3°)? — Quelles exceptions peut opposer chacun des débiteurs solidaires (1208; Dem. n° 657)? *Quid*, pour
la confusion (*ibid.* n° 658)? Le créancier
ne peut-il remettre la solidarité à l'un, et
conserver le droit de poursuivre les autres
pour le tout (Dur. n° 231)? Dans quels cas
la remise de la solidarité se présume-t-elle

(1211 , 1212)? — Comment les débiteurs
solidaires sont-ils tenus entre eux (1215 ,
1216)? Quel recours celui qui a payé a-t-
il contre les autres (1214 *comparé* avec
1251-3°; Dem. n° 665) ?

Sect. v. Quand une obligation est-elle indivisible, d'après la triple distinction de
Dumoulin (Dem. n° 668)? Quels sont les
articles où l'on paraît avoir voulu repro-
duire cette distinction (*ib.* n° 669)? Exemples de chaque espèce d'indivisibilité (*ib.*
n° 668; Poth., *Obl.* n° 515). [1] — Quels effets
résultent de la divisibilité d'une obligation
(1220; *ajoutez* 1222 *a contrario*)? Cas dans
lesquels ces effets sont modifiés (1224-1°
à 5° *combinés* avec le dernier alinéa). L'art.
1224-5° n'est-il pas susceptible de critique
(Dur. n° 289)? [2] — Effets de l'indivisibilité
d'une obligation, tant à l'égard des débiteurs, qu'à l'égard des créanciers (1222 à
1224). Droit du débiteur poursuivi (1225).
Comparaison des obligations indivisibles,

[1] Le Code civil n'a-t-il pas confondu l'indivisibilité *obligatione* et l'indivisibilité *solutione* (Dur,
nos 256, 257)? Quel effet attachait-on autrefois à
l'indivisibilité *solutione* (Poth., *Oblig.* n° 316)?

[2] Le titre dont parle 1221-4° est-il un testament
(Dur, n° 291; *mais v.* Delv. p. 148, note 1)?

et des obligations solidaires (Dur. n° 266).

Sect. VI. Qu'appelle-t-on clause pénale (Dem. n° 677)? En quel sens assure-t-elle l'exécution de la convention principale (Du Caur. n° 958)? Comparaison avec les obligations alternatives et facultatives (Dur. n°ˢ 322, 324). Si l'obligation principale est nulle pour défaut d'intérêt, la clause pénale est-elle nulle (*ib.* n° 330)? Le créancier peut-il cumuler le principal et la peine (1229-1°; 1228)? Qu'entend-on par une clause pénale *rato manente pacto* (Dur. n° 344)? Quand la peine est-elle encourue (1230, 1232, 1233)? Peut-elle être modifiée (1231; Dem. n° 683)?

Chap. V. *Sect.* 1. Comment s'éteignent les obligations (1234)? Qu'est-ce que le payement (Dem. n° 689)? Peut-il être fait par un autre que le débiteur (1236; *mais v.* 1237)? [1] Peut-il toujours l'être par le débiteur lui-même (1238)? Comment concevoir que le débiteur puisse être encore propriétaire de la chose due au moment du payement (1138-2°; *mais v.* Dur. t. XII, n° 26)? [2]

[1] Le créancier ne peut-il subroger un tiers désintéressé qui le paye (1236-2°; *mais v.* 1250-1°; Dur. t. XII, no 15)?

[2] L'art. 1238-2° ne s'applique-t-il pas en réalité à un meuble quelconque (Dur. n° 30)?

— A qui le payement peut-il être fait (1239-
1°, 1241 ; *v.* 481, 482, 1277-2°)? Ne peut-
il être validé après coup, bien que fait à un
incapable (1239-2°, 1241 *in f.*)? Comment
concevoir qu'un tiers soit en possession
d'une créance (*v.* Dur. n° 70)? Droit des
créanciers du créancier (1242; C. pr. 557 ;
Delv. p. 163, note 8). — Qu'est-ce qu'une
dation en payement (Dur. n° 79)? Pourquoi ne peut-on payer par parties (*ib.* n° 83)?
Le juge peut-il autoriser une division de
payement (*ib.* n° 88)? — Dans quel état le
débiteur doit-il livrer la chose due (1245,
1246)? Où doit-on payer (1247)? Aux frais
de qui (1248)?

Qu'est-ce que la subrogation (Dur. n°
108)? [1] Comment s'opère-t-elle (1250,
1251)? Dans quel but (*v.* 1250-1° et 1252,
in pr.)? Quand requiert-elle des formalités
(1250-2°), et pourquoi (Dur. n° 134)? Cas de
subrogation légale (1251; *mais v.* 875, 1214).
A quoi bon payer un créancier préférable
(Delv. p. 170, note 10), ou celui qui a hypothèque sur l'immeuble qu'on a acheté
(2178; Dem. n° 708)? Qui est préféré, du

---

[1] La subrogation conventionnelle de la première
espèce diffère-t-elle de la cession de créance (Dur.
nᵒˢ 121, 122, 187)?

subrogeant ou du subrogé, en cas de subrogation partielle (1252) ?

Quelle circonstance suppose l'imputation (Dem. n° 710)? Le débiteur a-t-il droit de la faire malgré le créancier (1253; *mais v.* 1138-2°, 1187 et 1244)? Pourquoi impute-t-on d'abord sur les intérêts (Dur. n° 192)? *Quid*, si la quittance est muette (1256)? Exemple de dettes que le débiteur a intérêt d'acquitter plutôt que d'autres (Delv. p. 169, note 1). — Qu'entend-on par offres réelles (Dem. n° 714)? Le débiteur est-il intéressé à faire des offres (Dur. n° 202)? Sont-ce les offres qui libèrent, ou bien est-ce la consignation (1257-2°, Toullier, t. VII, n° 225; *mais v.* 1259-2°, Dur. n° 225)? Résumer (Dem. n° 715 *in pr.*) les conditions nécessaires pour la validité des offres (1258, *comparé* avec 1247 et 1264). Forme de la consignation (1259, 1264). Jusqu'à quand le débiteur peut-il retirer la somme consignée (1261 à 1263)? — En quoi consiste le bénéfice de cession (1270-2°)? Quel droit en résulte-t-il pour les créanciers (Dem. n° 727)? A quelles personnes est-il refusé (C. pr. 905; C. com. 541)?

Sect. II. Qu'est-ce que la novation (Dem. n° 750)? Étymologie du mot (Dur. n° 275). Combien y en a-t-il d'espèces (Dem. n° 752)?

Exigent-elles toutes le consentement des deux parties (1274; *v.* 1256-2°)? Qu'est-ce que la délégation (Dur. n° 518)? Quand elle produit novation, n'y a-t-il pas plusieurs obligations éteintes (*ib.* n° 529)? Le délégant est-il responsable de la solvabilité du délégataire (1276)? Effets de la novation, quant aux accessoires (1278). Le créancier peut-il se réserver ses hypothèques lorsque la nouvelle dette est plus considérable que l'ancienne (Poth., *Obl.* n° 565)? L'art. 1280 n'est-il pas susceptible de critique (Dur. n° 305) ?

Sect. III. Qu'est-ce que la remise de la dette (*v.* 1285)? Est-elle nécessairement gratuite (*v.* 1288)? L'article 1288 est-il rationnel dans tous les cas (Dur. n° 579)? L'effet de la remise ne peut-il pas être plus ou moins étendu, quand il y a des débiteurs solidaires (1285, 1210)? — La remise de l'original produit-elle le même effet que la remise de la grosse (1283, *in f.*; *v.* 1352-2°)?

Sect. IV. Qu'est-ce que la compensation (Du Caur. n° 1272)? Sur quoi est-elle fondée (Dur. n° 580)? Produit-elle une extinction totale (1290; *v.* 1244, Delv. p. 167, note 9)? Quand s'opère-t-elle de plein droit (1291)? *Quid,* si les deux dettes ont

pour objets des corps certains (Dur. n° 393)?
Quid, si elles sont payables en des lieux différents (Delv. p. 178, note 2)? Étymologie
du mot fongible (Du Caur. n° 949). Ne s'applique-t-il qu'aux choses qui se consomment (*ib.*)? Cas où la compensation est facultative (Dur. n° 592; Delv. p. 177). Motif
de 1292 (Dem. n° 755). A quoi bon exclure
la compensation dans le cas de prêt à usage,
de dépôt (Dur. n° 448)? [1] La compensation
peut-elle s'opérer après la cession de la
créance (1295; *v.* 1690; Dem. n° 759)?
après une saisie-arrêt (1298)? Éteint-elle
toujours les accessoires (1299; Dem. n°
763)?

Sect. v. Qu'entend-on par confusion
(Dem. n° 764)? Événements qui y donnent
lieu (*ib*). Cas où elle est empêchée (*ib.* n°
767). Vice de rédaction de 1300 (*ib.* n° 764).

Sect. vi. Quels sont les événements compris par la loi, sous le nom de perte de la
chose due (*v.* 1303; Dem. n° 768)? Libère-
t-elle le débiteur, s'il est en demeure (*ib.*
n° 769)? si elle est arrivée par son fait,
sans sa faute (1302; *mais v.* Delv. p. 179,

---

[1] Le débiteur solidaire ne peut-il aucunement opposer la compensation du chef de son codébiteur
(Dur. n° 429)?

note 8)? s'il doit une chose indéterminée (Dur. nᵒˢ 490, 491)? Le créancier a-t-il besoin que le débiteur lui cède les actions nées de la perte (1303; *mais v.* 1138-2°; Toull. n° 476; *v. cependant* Delv. p. 180, note 5)?

Sect. VII. Comment comprendre que l'action en nullité soit un moyen d'éteindre les obligations (Dem. n° 773)? Différence entre les actes nuls de plein droit et les actes annulables (*ib.* n° 774). Dans quel délai cette action doit-elle être exercée (1304; loi 30 juin 1838, art. 39)? Que signifient les mots *simple lésion* de 1305 (*v.* 887-2°, 1674)?[1] Cas où la loi refuse au mineur l'action en rescision (1306, 1308 à 1311). Motif de 1310 (Dem. n° 785). En cas de restitution, ceux qui ont payé quelque chose à l'incapable par suite du contrat annulé, peuvent-ils se faire rembourser (*ib.* n° 787)?

Chap. VI. Sens du mot preuve (*v.* Dur. t. XIII, n° 6). Quels sont les faits dont la preuve *incombe*, soit au demandeur, soit au défendeur (1315)? Qu'arrive-t-il, suivant

---

[1] Le mineur peut-il faire annuler ses actes pour incapacité, sans être obligé de prouver une lésion? Peut-il faire annuler pour lésion les actes faits par son tuteur (Dem. nᵒˢ 780 à 782; *mais v.* Dur. t. x, nᵒˢ 280 à 287)?

que l'un ou l'autre fait ou ne fait pas la preuve qui est à sa charge (Dur. n° 5) ?

Sect. i. Sens des mots acte, titre, quittance (Dem. n° 790; Dur. n° 223). Définition de l'acte authentique (1317). Cette dénomination ne convient-elle qu'aux actes notariés (Dur. n° 16)? L'acte nul comme authentique peut-il valoir comme privé (1318)? Privilége des actes authentiques, quant à l'exécution (*loi du* 25 *ventose an* xi, 19; C. proc. 545). Cas où l'exécution doit ou peut être suspendue (1319-2°; C. pr. 214; I. cr. 218 et 231). Distinction entre les énonciations et la disposition (Delv. p. 187, note 16)? Qu'est-ce qu'une contre-lettre (Dem. n° 795)? Quel est son effet (1321) ? [1] — L'acte authentique doit-il être signé des parties (*v.* 1318; *loi du* 25 *ventose an* xi, 14)? *Quid juris*, si le signataire prétendu d'un acte privé désavoue sa signature (1324)? Quelle différence y a-t-il, à cet égard, entre lui et ses héritiers (1323-2° et 1324)? Formes des actes privés qui constatent des contrats synallagmatiques (1325-1° et 3°). Motif qui les a fait introduire (Dur.

---

[1] La contre-lettre qui augmente le prix de vente est-elle valable entre les parties (loi du 22 frimaire an vii, 40; *mais v.* 1321; Dur. n° 103)?

n° 144). ¹ Pourquoi mentionner le nombre des originaux (*ib.* n° 160)? Qu'est-ce qu'un billet (1326, *in pr.*, *comparé* avec 1325-1°)? Sa forme (1526). Quel inconvénient a-t-elle pour but de prévenir (Dur. n° 168)? Qui en dispense-t-on, et pourquoi (*ib.*)? *Quid,* si la somme exprimée au *bon* diffère de celle exprimée au corps de l'acte (1527; Dem. n° 802)? Événements qui donnent date certaine aux actes privés (1328)? Quelle preuve résulte des livres des commerçants (1329, 1550)? ² Même question pour les papiers domestiques (1551). Motifs de 1331-2° et de 1532 (Dem. nᵒˢ 807 à 809)? — Sens des mots taille, coche, échantillon, grosse, 1ʳᵉ expédition (Dur. nᵒˢ 235, 245, note). Distinction entre les copies (1335; Dem. n° 812). A quelle circonstance est subordonnée la preuve qui en peut résulter (1354)? Même question pour la transcription (1536). Quand l'acte récognitif dispense-t-il de l'exhibition de l'acte primordial (1357; v. 2248)? A quelle époque peut-on confirmer une obligation annulable (1304)? Dans quelle forme (1538-

---

¹ Leur omission annulle-t-elle le contrat (Dur. no 163)?

² De quel serment parle 1329, *in f.* (Dur. no 196)?

1° et 2°) ?[1] *Quid*, s'il s'agit d'une donation (1339, 1340)?

Sect. ii. Une convention dont l'objet excède 150 francs est-elle nulle, s'il n'en est pas dressé acte (1341 *in pr.* ; *mais v.* 1108, 1356-2° et 1355, 1358)? Pourquoi avoir dit qu'il doit être passé acte *de toutes choses* (1341 ; Dem. n° 827)? Pourquoi exclut-on les témoins au-dessus de 150 fr. (Delv. p. 195)? Quelle raison y avait-il de douter que cette règle s'appliquât au dépôt volontaire (Dur. n° 311)? Exemples de preuves contre et outre le contenu d'un acte (Poth., *Obl.* n°s 758, 759). Cas où il y a doute sur l'application de la règle, et motifs qui déterminent cette application (1342 à 1345; Dur. n°s 319 à 321, 324)? Cas où la règle ne s'applique pas (1347-1° à 1348). Définition du commencement de preuve par écrit (1347-2°; 324; *v.* 1320, 1335-2° et 3°, 1336).

Sect. iii. Qu'est-ce qu'une présomption (1349)? Toutes les preuves ne sont-elles pas des présomptions (Dem. n° 838)? Exemples de présomptions qui ont pour but de constater : l'intention d'éluder la loi (911,

[1] Conséquence des derniers mots de 1338 (Dur. n° 285).

1100), la propriété (653 ; *v.* 721, 722), la libération (1282, 1283). — Quelle présomption la loi attache-t-elle à la chose jugée (Dur. n° 446) ? Pourquoi (*ib.*) ? Quelle conséquence en résulte-t-il (*ib.* nᵒˢ 447, 448)? L'autorité de la chose jugée est-elle attachée à tout jugement (*ib.* n° 450-1°) ? Limites dans lesquelles elle se renferme (1351). Division des présomptions légales (Poth., *Obl.* nᵒˢ 806, 807). ¹ Vice de rédaction de 1353, *in f.* (Dur. n° 530).

Sect. IV. Qu'est-ce que l'aveu (Dur. n° 554) ? Comment l'obtient-on (C. pr. 324)? Quel est son effet (1355, 1356-2°) ? Quand peut-on le rétracter (1356-4° ; Dem. n° 847)? Qu'est-ce que diviser un aveu (Delv. p. 198, note 5)? Motif de 1355 (Dur. n° 536).

Sect. V. Qu'est-ce que le serment (F. B., *Comm. sur la Ch.* p. 451) ? Le serment extrajudiciaire serait-il sans effet (1357; *mais v.* Dur. n° 568)? — Le demandeur qui n'a pas d'action peut-il déférer le serment (1358 ; *mais v.* Dur. n° 574)? Sur quel fait (1359, 1362), et jusqu'à quand peut-il être déféré (1360)? Effet de la prestation

___

¹ Que signifient les derniers mots de 1352-2o (Dur. nᵒˢ 414 à 416)?

du serment, et du refus de le prêter, ou ré-
férer (1361). Entre quelles personnes se
renferme l'effet du serment (1365) ? [1] —
Double but dans lequel se défère le serment
supplétoire (1366), et avec quelles restric-
tions (1367, 1369-2°) ? Pourquoi est-il
nommé supplétoire (Dem. n° 855) ? Pourquoi ne peut-il être référé (Delv. p. 200 ,
note 2) ?

Tit. iv. Combien le code reconnaît-il de
sources des obligations (1101, 1370-2° et
4°) ? Pourquoi ne range-t-il pas, comme
les Instituts (liv. iii, tit. 27), la tutelle
parmi les quasi-contrats (Dem. n° 859) ?
Que faut-il ajouter à 1371 pour distinguer
le quasi-contrat du délit (Dur. n° 630) ?
Différence entre la gestion d'affaires et le
mandat (*ib.* n° 645). Triple obligation du
gérant (1372 à 1374) et du maître
(1375). A quelles circonstances sont subordonnés les engagements de ce dernier
(Dem. n° 866) ? — Droit de celui qui paye
indûment (1376, 1377). Cas où il existe
réellement une dette qui n'est pas la sienne
(1377). Triple différence entre celui qui
reçoit indûment de bonne foi, et celui qui

[1] Est-on admis à prouver la fausseté d'un serment
(1363; *mais v.* C. pén. 366, Dur. n° 600)?

reçoit de mauvaise foi (1378 à 1380),
Cas où il n'y a pas lieu à répétition (1186,
1255-2°, 1906). — Le mot délit, dans le
Code civil a-t-il le même sens que dans le
Code pénal (C. pén. 1) ? Différence avec le
quasi-délit (Dem. n° 875). Quelles personnes répondent du fait d'autrui (1384; C.
pén. 73) ? Les commettants répondent-ils
du fait de leurs préposés, lors même qu'ils
n'ont pu l'empêcher (1384-5°; Dur. n°
724)? Choses dont on répond (1385, 1386
comparés avec *Instit.* liv. 4, tit. 9, et Dur.
n° 729).

(4ᵉ EXAMEN : Tit. 5 à 20.)

Titre v. *Chap.* i. Quelle est la double signification des mots contrat de mariage
(Delv., 3ᵉ édit. pour les notes, t. iii, p. 4)?
La liberté de contracter a-t-elle plus ou
moins de latitude pour les époux que pour
d'autres personnes (*v.* 947, 1398, 1514,
1526) ? Stipulation générale qui leur est
interdite (1390), et pourquoi (Dur. t. xiv,
n° 31) ? — Combien y a-t-il de régimes
(*ib.* n°ˢ 73, 74; *mais v.* Delv. p. 8 et 51)?
Lesquels étaient en usage dans les diverses

parties de la France (Dur. n° 77 ; B. S. P.
Hist. du dr. p. 222) ? Sous lequel les époux,
au défaut de stipulation, se trouvent-ils
mariés , et pourquoi (Dur. n° 77) ? —
Pourquoi le contrat de mariage ne peut-il
être modifié après la célébration (*v.* 1421 ,
1554, 1556; Dem. n° 13) ? Ne peut-on pas
distinguer plusieurs sortes de changements
antérieurs à la célébration (Dur. n° 70) ?
Ces changements ne sont-ils valables qu'avec
le consentement des ascendants qui ont signé le contrat sans s'y obliger (*ib.* n° 57;
mais v. Toull. t. XII, n° 51) ? Faut-il,
pour qu'ils aient effet à l'égard des tiers,
qu'ils aient été transcrits à la suite des ex-
péditions (Dur. n° 69 ; *mais v.* Toull. n°
68) ? L'époux mineur peut-il faire un
contrat de mariage (1398; *v.* 148 et suiv.)?
   Chap. II. *Part.* I. *Sect.* I. Qu'est-ce que la
communauté (Dem. t. III, n° 16) ? Peut-on
la stipuler sous condition (1399 ; *mais v.*
1179; Dur. n° 97) ? Sens des mots *actif*
et *passif* (*ib.* n° 102). L'actif de la communauté comprend-il les biens antérieurs
au mariage (1401-1°; *v.* 1404-1°)? Comprend-il les biens acquis depuis (1401-2°
combiné avec 1498-2° et 1527 *in f.* ; 1401-
3° *comparé* avec 1404-1° et 1405) ? Pourquoi dit-on, des fruits, qu'ils sont échus

ou perçus (*v.* Code civil, 583 , 584)? Comment peut-on considérer la communauté (1401-2°; Dem. n° 25)? Sens des mots acquêt, conquêt, propre de communauté (Dur. n° 153). *Quid*, s'il y a doute sur le point de savoir si un immeuble est commun (1402)? Y a-t-il des produits qui ne tombent point en communauté (1403-5°; *v.* 592 , 598)? *Quid*, si des coupes ont été faites trop tard ou trop tôt sur le propre d'un époux (1403-2° *comparé* avec 590-1°; Dem. n° 27)? Immeubles antérieurs au mariage, qui tombent en communauté, et pourquoi (*ib.* n° 52)? Immeubles acquis à titre gratuit pendant le mariage, qui tombent en communauté (1405 *in f.*). Est-il indifférent de savoir si les immeubles donnés aux deux époux tombent ou non en communauté (Dur. n° 189)? Immeubles acquis à titre onéreux pendant le mariage, qui ne tombent pas en communauté (1406 à 1408-1° [*v.* 883]; 1434 , 1435). Motif de 1406 (Dem. n° 34). *Quid*, dans le cas d'échange, si la soulte vaut plus de la moitié de l'immeuble échangé (Dur. n° 195; *mais v.* Toull. n° 150)? Motif de 1408-2° (Dur. n° 201).

Énumérez les cinq espèces de dettes qui composent le passif de la communauté

(1409). Par suite de quelles considérations les y a-t-on fait entrer (*v.* 1401-1° et 2°; Dem. n°ˢ 39, 42)? Y a-t-il des dettes immobilières (Dur. n° 225, *in f.*; *mais v. ib.*, t. x, n° 432)? Quelle règle aurait-il fallu appliquer aux dettes antérieures au mariage (*v.* 1444-1°; Dur. n° 215)? Qu'entend-on par dettes relatives à des propres (Dem. n° 41)? Pourquoi faut-il que les dettes de la femme aient date certaine (1410; Dur. n° 229)? L'art. 1410-5° n'est-il pas susceptible de critique (*ib.* n° 250)? — A la charge de qui sont, en définitive, les dettes des successions échues pendant le mariage (1409-1°; *mais v.* 1411, 1412-1°, 1414)? Quels biens sont le gage des créanciers de ces successions (1412-2°, 1415, 1416, 1417)? Qu'est-ce que la preuve par commune renommée (Dur. n° 239)? Comment le défaut d'inventaire peut-il préjudicier à la femme (*ib.*)? Pourquoi les créanciers ont-ils des droits moins étendus dans le cas d'une succession acceptée par la femme autorisée du mari (1415), que dans le cas d'une dette proprement dite (1419; Dem. n° 55)?

Sect. ii. Le mari peut-il disposer des biens de la communauté (1421 à 1425)? Pourquoi ne peut-il donner les meubles avec réserve d'usufruit (Dur. n° 275, *in. f.*)? *Quid*, s'il lègue un bien de la communauté, et que ce bien ne tombe pas dans le lot de ses héritiers (1423, *comparé* avec 1021 [*v.* 883]; Delv. p. 20, note 4; Dur. t. ix, n° 147)? Motif de 1424 (Dem. n° 68); de 1425 (*v.* 1441-2°). Cas où la femme peut engager la communauté (1427; Delv. p. 21). Est-il exact de dire que le mari est propriétaire de la communauté (Toull. nᵒˢ 80, 81; *mais v.* Dur. n° 96)? — Quels sont les droits du mari sur les propres de la femme (1428; Delv. p. 18)? Jusqu'à quel point les baux qu'il fait sont-ils obligatoires pour la femme (1429), et pourquoi (Dur. n° 310)? Quand peut-il les renouveler (1430)? — Quel est le principe en matière de récompenses (Dem. n° 73)? Qu'est-ce qu'un remploi (*ib.* n° 78)? Comment opère-t-il subrogation (*ib.* n° 79)? La femme diffère-t-elle du mari sous ce rapport (1434, 1435), et pourquoi (Dem. *ib.*)? Quelle récompense est due pour un propre aliéné (1436 *in f.*; Dem. n° 80)? — A la charge de qui est la dot constituée en biens de la communauté (1439)? Motif de 1440 (Dem. n° 87; *v. aussi* 1153-3°).

Sect. iii. Comment se dissout la communauté (1441)? Se dissout-elle par l'absence

(Dur. n° 398)? Conséquences du défaut d'inventaire par l'époux survivant, tant dans l'ancien droit que dans le nouveau (Dur. n° 399). — Qu'est-ce que la séparation de biens judiciaire (Delv. p. 24)? Dans quel délai l'exécution du jugement qui la prononce doit-elle avoir lieu (1444; mais v. C. pr. 174; Dur n° 411 in f.) [1]. Où doit-il être publié (1445-1°; mais v. C. pr. 872; Dur. n° 410, note)? Les créanciers de la femme peuvent-ils demander la séparation (1446-1° comparé avec 1166; Dur. n° 418)? Quels sont leurs droits en cas de déconfiture du mari (ib. n° 419)? Droits des créanciers du mari, soit avant le jugement de séparation, soit après (1447; C. proc. 871, 873; Dem. n° 96)? — Obligations de la femme séparée de biens (1448 comparé avec 1537); sa capacité (1449; v. 217). Quand elle aliène ses immeubles, le mari est-il tenu à quelque garantie (1450; Dem. n° 102)? Les époux séparés peuvent-ils rétablir la communauté (1451)? [2]

[1] Comment concilier 1444 avec C. pr. 872 (Dur. no 411)?

[2] S'ils la rétablissent avec modifications, la séparation subsiste-t-elle (Dur. no 131; mais v. Delv. p. 27, note 6)?

Sect. IV. Quel intérêt la femme a-t-elle à renoncer (1485; *mais v.* Dur. n° 457)? A quelle condition le peut-elle (1456)? Dans quel délai (Dem. n° 115)? Est-elle censée acceptante ou renonçante (1459, 1465; Dem. n° 114)? *Quid*, si la veuve meurt avant l'expiration des délais (*ib.* n° 117)? Privilége qui lui est accordé (1465, 1481).

Sect. V. Est-il exact de dire que chaque époux prélève ses propres (Dem. n° 128)? Triple privilége de la femme quant à l'exercice de ses prélèvements (1471, 1472). Différence, quant aux intérêts, entre les créances d'un époux contre l'autre, et celles contre la communauté, ou réciproquement (1473 [*v.* 1153-5°], 1479). Les héritiers de la femme peuvent-ils prendre des partis différents (1475, *comparé* avec 782; Delv. p. 50, note 4)? — Y a-t-il des différences entre la femme qui accepte, et un héritier bénéficiaire (Dur. n°s 488, 489)? Comment les époux sont-ils tenus des dettes de la communauté en général (1482), et dans le cas où le passif excède l'actif (1483)? Contribuent-ils de même qu'ils sont obligés (Dem. n° 150)? Cas où les créanciers peuvent poursuivre pour le tout le mari (1484). ou la femme (1486).

Quid, si la femme s'est obligée avec son mari, solidairement ou non (1487, 1431)? Différence entre ce cas et celui où elle est tenue comme commune (Delv. p. 22). *Quid,* si elle a payé au delà de sa part (1488)? Est-elle tenue de l'hypothèque consentie par le mari sur les biens qui tombent dans son lot (883 ; *mais v.* 1421) ?

Sect. VI. Conséquence de la renonciation (1492). La femme qui renonce a-t-elle des reprises à exercer (1481-3°, 1492-2°, 1493)? Demeure-t-elle tenue de certaines dettes (1494 ; *v.* 1486)?

Partie II. Énumérez les clauses de la communauté conventionnelle en les rapprochant des règles de la communauté légale, qu'elles ont pour but de modifier (*v.* 1401-1°, 1404-1°, 1409-1", 1474, 1492).

Sect. III. D'où vient le mot ameublissement (Dem. n° 168) ? Ses effets suivant qu'il est déterminé (1507-1°; *mais v.* 1507-3°) ou indéterminé (1508). Qu'est-ce, en réalité, que l'ameublissement de tel immeuble jusqu'à telle somme (Dur. t. XV, n° 61)? Droit de l'époux qui ameublit (1509).

Sect. II. Ne peut-on pas formuler de deux manières l'exclusion partielle du mobilier (Dem. n° 165)? Divers noms de cette clause (*ib.*). Double sens du mot apport (1498-2° ; *mais v.* 1501). Les obligations de l'époux qui promet de mettre en communauté une certaine quantité de meubles, et celles de l'époux qui, ayant une pareille quantité de mobilier, se marie sans contrat, sont-elles semblables (Dur. n⁰ 45)? Comment l'apport se justifie-t-il (Dem. n° 165)? [1]

Sect. IV. Quel est l'effet de la clause de séparation de dettes, soit à l'égard des époux (1510-1°), soit à l'égard des tiers (Dem. n° 176)? Effet de la clause d'apport, quant aux dettes (1511). A quoi s'obligent ceux qui déclarent un époux franc et quitte (1513)? Différence, sous ce rapport, entre le mari et la femme (Dem. n° 179).

Sect. I. La réduction aux acquêts n'est-elle pas une combinaison de deux autres clauses (Dur. n° 7)? Que signifie, dans 1498 et 1500, le mot futur (Delv. p. 41, note 2)?

Sect. V. A quel principe fait exception la clause de reprise d'apports (1855)? A quelle

---

[1] Les meubles stipulés propres tombent-ils dans la communauté à charge de récompense (1503 ; Poth., *Commun.* n⁰ 325 ; *mais v.* 1531, 1532 ; Dur. t. XIV, n⁰ 3 8)?

condition a lieu cette reprise (1514-4°) et pourquoi (Dem. n° 181)?

Sect. VI. Étymologie du mot préciput (Dur. n° 178). Qu'était-ce que le douaire (*ib.* n° 177)? Jusqu'à quel point applique-t-on au préciput les règles des donations (*ib.* n° 190)? Critique de 1517 (*ib.* n° 191). Si la femme accepte la communauté en cas de séparation, l'objet du préciput reste-t-il au mari (1518 *in f.; mais v.* Dur. n° 194)?

Sect. VII. Triple manière dont on peut modifier les parts des époux dans la communauté (1520)? Comment est alors supporté le passif (1521, 1524, *comparés* avec 1483)? A quelle condition peut-on réserver toute la masse à un époux (1525-1°)?

Sect. VIII. Effet de la clause de communauté universelle (1526 *comparé* avec 1837; *v.* 1505; Delv. p. 54, note 1). Les avantages résultant des conventions matrimoniales sont-ils réductibles (1525-2°; *mais v.* 1496-2° et 1527-5°, 1098)?

Sect. IX. Pourquoi a-t-on placé au chapitre de la communauté les deux régimes qui l'excluent (Dem. n° 198)? Qu'en faut-il conclure (*ib.*)? — Quels sont les droits du mari sous le régime sans communauté (1530)? sous celui de séparation de biens

(1536 , 1539)? La femme séparée contribue-t-elle aux charges (1537 *comparé* avec 1448)?

Chap. III. *Sect.* I. Qu'est-ce que la dot (1540)? Qu'entend-on par biens paraphernaux (Dur. n° 577)? Les biens de la femme sont-ils, dans le doute, censés dotaux ou paraphernaux (1541, *combiné* avec 1574)? La constitution de dot peut-elle frapper sur les biens à venir seulement (1542; *mais v.* Dur. n° 350)? La constitution de dot est-elle une libéralité (*ib.* n° 541; *v.* 1573)? A quoi oblige-t-elle en cas d'éviction (1547)? De quand courent les intérêts de la dot promise (1548 *comparé* avec 1153-3°)? Motif de 1544-2° (Dur. n° 567). Résultat singulier auquel peut conduire 1545 (*ib.* n° 370). A quoi bon 1546 (*ib.* n° 572, *in f.*)?

Sect. II. Le mari est-il propriétaire ou usufruitier de la dot (*v.* 1551, 1552 et 587)? A-t-il les actions pétitoires (1549-2° *comparé* avec 1428-2°)? Pourquoi (*v.* *Inst.* II, 8, *pr.*)? Quel est l'effet de l'estimation jointe à la constitution de dot (1551, 1552)? Peut-on aliéner la dot, soit immobilière (1553), soit mobilière (Dur. n° 545)? Avec quelle autorisation la femme peut-elle donner sa dot à ses enfants (1555, 1556 *comparés* avec 219)? et pourquoi

(Dem. n° 228)? Enumérez les huit exceptions au principe de l'inaliénabilité (1555
à 1559). Comment comprendre qu'on aliène
l'immeuble pour le réparer (Dur. n° 503)?
Quid, s'il a été aliéné au mépris de la loi
(1560; Dem. n° 232)? Est-il prescriptible
(1561)? Inexactitude de 1561-2° (Dur.
n° 558). Quel est l'effet de la séparation de
biens, sous le régime dotal (1536 *comparé*
avec 1549-2°)?

Sect. III. Quand y a-t-il lieu à restitution
de la dot (1564-3°; 1565, 311)? Dans quel
délai doit-elle se faire (1565; Dem. n° 236)?
Priviléges de la femme, quant à ses hardes
(1566-2° *comparé* avec 589); quant à la
preuve qu'elle devrait faire comme deman-
deresse (1569 *comparé* avec 1315-1°);
quant à son entretien pendant l'an de deuil
(1570-2°). De quand ses héritiers ont-ils
droit aux intérêts (1570-1°; *v.* 1153-3°)?
Que doit restituer le mari qui a reçu en dot
des créances (1567), ou un droit d'usufruit
(1568, *v.* 588)? Comment se distribue la
récolte correspondante à la dernière année
du mariage (1571 *comparé* avec 585;
v. 586)? La femme est-elle préférée aux
autres créanciers du mari (2121-2°, *mais
v.* 1572; *Inst.,* § 29, *de action.*)? Quand
doit-elle rapporter le montant de la dot

(1573-2° et 3°), ou seulement l'action qu'elle a contre son mari (1573-1°)?

Sect. iv. A quel régime ressemble le régime dotal, lorsque tous les biens sont paraphernaux (*comparer* 1575 *et suiv.* à 1537 *et suiv.*)? Y a-t-il des différences entre le régime dotal et le régime sans communauté (1549-2°, 1554, 1565, 1570, 1571, 1574, *comparés* avec 585, 1530, 1532)? Comparaison des divers régimes, quant aux droits qu'ils attribuent au mari (*v.* 1421, 1550, 1536, 1549).

Tit. vi. *Chap.* i. Le vendeur ne s'oblige-t-il qu'à livrer (1582; *mais v.* 1599; Dur. t. xvi, n° 18)? Comment la vente est-elle parfaite, en droit romain et en droit français (1703; *Instit. pr., de empt.*)? [1] Faut-il conclure de 1582-2° qu'il est nécessaire de dresser un acte (Dem. n° 255)? Comment la propriété est-elle transférée à l'acheteur, en droit romain et en droit français (711, 1138-2°, 1583; *Instit.*, § 40, *de rer. div.*)? [2] Ne faut-il pas, pour les immeubles, la transcription (2182-2°; C. proc. 834; Delv. p. 64, note 4)? et pour

[1] Qu'est-ce que : acheter avec déclaration de command (Dur. n° 41)?

[2] *V.* Jourdan, *Thémis*, t. v, p. 481 et suiv.

les meubles, la tradition (1141 ; Dur. n°
22, et t. x , n° 451) ? *Quid*, si la chose
vendue est indéterminée (*ib.* t. x, n°
432) ? *Quid*, si des marchandises sont ven-
dues, soit en bloc, soit au poids, au compte
ou à la mesure (1585, 1586 ; Dem. n°
258) ? Les ventes à l'essai ou de choses
qui se goûtent ne produisent-elles aucun
engagement immédiat (Dur. n°s 69, 95)?[1]
En quel sens là promesse de vente vaut-
elle vente (*ib.* n° 48)? *Quid*, si des arrhes
ont été données (1590 ; Dem. n° 265) ?

Chap. ii. Personnes qui, capables d'ail-
leurs de contracter, ne peuvent, soit vendre (1595), soit acheter (1596, 1597),
et pourquoi (Dem. n°s 270, 275, 276)?
Cas où le mari peut vendre à sa femme
(1595-1° et 2°), ou la femme au mari
(1595-1° et 5°). [2] Sens des mots défen-
seurs officieux (Dur. n° 129, note 2).

Chap. iii. La vente de la chose d'autrui
ne produit-elle pas des effets importants
(1599 ; *mais v.* 1626, 2265 ; Delv. p. 68,
note 2) ? Quelle est, dès lors, la conséquence qu'on peut tirer de sa nullité (*ib.* ;

---

[1] L'acheteur peut-il refuser la marchandise, en
alléguant qu'elle n'est pas de son goût (Dur., *ib.*)?

[2] Sens des derniers mots de 1595-3° (Dur. n° 150).

Dem. nº 280)? [1] Ne peut-on vendre une chose indéterminée que lorsqu'on en a de pareilles (Dur. nº 181)? [2] *Quid*, si on vend une chose détruite en tout ou partie (1601)? Sens du mot ventilation (*ib.* nº 184).

Chap. iv. Motif de 1602-2º (Dem. nº 283). Qu'est-ce que la tradition (1604)? Comment s'effectue-t-elle (1605 à 1607 ; Dem. nº 289)? Où (1609 ; *v.* 1247)? Quand (1612, 1615 ; *v.* 1188)? Dans quel état faut-il livrer la chose (1614 ; *v.* 1245 ; Dur. nº 208)? Faut-il modifier le prix quand la contenance effective présente un déficit ou un excédant sur la contenance indiquée (1617, 1618, et *d'autre part*, 1619, 1625 ; Dem. nº 301)? Dans une vente à tant la mesure, un excédant moindre d'un vingtième donne-t-il lieu à augmentation du prix (Dur. nº 224)? Quel droit a l'acheteur, quand l'excédant est de plus d'un vingtième (1618, 1620), et pourquoi (*ib.* nº 222)? — Sens des mots éviction, garantie (Dem. nºˢ 310, 312). La garantie

____

[1] Cette conséquence n'est-elle pas contrariée par 1653 (Dem. nº 341, note)?

[2] Ne peut-on valablement vendre la chose d'autrui, en l'annonçant telle (Dur. nº 180)?

est-elle de l'essence ou de la nature de la vente (1627 ; *mais v.* 1628)? Cas où elle cesse (1640). Le vendeur qui succède au véritable propriétaire peut-il évincer l'acheteur (Dem. n° 327) ? De quel principe faut-il partir pour déterminer les obligations du vendeur en cas d'éviction (Dem. n° 318)? Quelles sont-elles (1630 ; *v.* 549, C. pr. 130)? *Quid,* si le prix a diminué ou augmenté (1631, 1633 ; Dem. n°s 319, 321)? Faut-il rembourser à l'acheteur toutes ses dépenses (1634, 1635 ; *v.* 1150)? *Quid,* s'il y a éviction partielle (1636, 1637)? Ne faut-il pas, dans ce cas, distinguer si l'éviction porte sur une part divise ou indivise (Dur. n° 300) ? — Étymologie du mot rédhibitoire (*ib.* n° 307). Le code est-il applicable quelle que soit la chose vicieuse (*loi* du 20 mai 1838)? L'acheteur a-t-il une double action (1644, *mais v.* loi de 1838, 2), lors même qu'il aurait acheté malgré le vice (1644 *combiné* avec 1641 ; *v.* 1638)? Dans quel délai (1648 ; *mais v.* loi de 1838, 3)? Quelle indemnité doit le vendeur (1645, 1646 ; *v.* 1150)? Motif de 1649 (Dur. n° 329).

Chap. v. Quand l'acheteur doit-il l'intérêt du prix (1652, *comparé* avec 1155-3°)? Motif de 1652-3° (Dem. n° 340). Le pacte commissoire" (Dem. n° 344) est-il utile chez nous (1184, 1654)? *Quid,* si l'on a stipulé que la vente serait résolue de plein droit (1656 ; *v.* 1655-2°) ?

Chap. vi. Le réméré est-il un rachat ou une résolution (Dem. n° 547)? Délai du réméré (1660, 1661). Peut-on le proroger (Dur. n°ˢ 397, 398) ? Contre qui court-il (1663; *v.* 2252)? Droits de l'acheteur à réméré (1665, 2125). *Quid,* s'il a été vendu une part indivise (1667); s'il y a plusieurs vendeurs (1668 à 1671), ou plusieurs acheteurs (1672) ? Obligations du vendeur qui exerce le réméré (1673). Garantie de l'acheteur (1673-1°). — Pourquoi la rescision pour lésion n'est-elle pas admise en matière de meubles (Dur. n° 438)? ni au profit de l'acheteur (*ib.* n° 466)? ni en matière d'échange (*ib.* n° 547) ? Ne peut-on pas donner un immeuble à la charge de payer une somme égale aux quatre douzièmes de sa valeur (1674; *mais v.* Dur. n° 434)? Motif de 1675 (*ib.* n° 445). De quoi sert l'action en rescision à qui a l'action en réméré (*ib.* n° 457)? Comment l'acheteur peut-il la paralyser (1684-1°)? et pourquoi (Dur. n° 458 ; *ajoutez* Dem. n° 368; Delv. p. 83, note 1)? A partir de quelle époque doit-il les intérêts ou les fruits (1682)? Motif de 1684 (Dur. n° 467).

Chap. VII. Sens primitif et actuel du mot licitation (Dem. n° 373). Motif de 1687 (Dur. n° 473). Qu'entend-il par étrangers (Delv. p. 87, note 1) ?

Chap. VIII. Vice des mots, droits incorporels (Dur. n° 485, note). Les mots vente et cession sont-ils synonymes (*ib*. n° 486) ? Comparaison de la cession de créance avec la subrogation par la volonté du créancier (*ib*. n° 488); avec la délégation (*ib*. n° 490). Comment le cessionnaire est-il saisi à l'égard des tiers (1690, 2214 ; *mais v.* C. com. 55, 56, 136, 313)? Application du principe aux cas de payement du cédé au cédant (1691), de saisie-arrêt par les créanciers du cédant (Dur. n° 499), de plusieurs cessions successives (*ib*.), de compensation (1295). — Qu'entend-on par garantie de droit et garantie de fait (Dem. n°s 382, 383)? Effet de la clause de fournir et faire valoir (Dur. n° 516). — Obligations respectives du vendeur et de l'acheteur d'une succession (1697, 1698). Que doit garantir le premier (1696) ? *Quid*, s'il était créancier (1698) ou débiteur du défunt (Dur. n° 526)? — Quel droit a celui contre qui l'on a cédé un droit litigieux (1699, *comparé* avec 545), et pourquoi (Delv. p. 84, note 10)? Exceptions (1701) et leurs motifs (Dem. n° 391).

Tit. VII. Quel est le droit du copermutant évincé (1705 ; *v.* 1650) ?

Tit. VIII. *Chap.* I. Définition du louage (1709, 1710). Noms des deux parties (Dur. t. XVII, nᵒˢ 2 et 3) ; de la somme payée (584, 2102-1ᵒ). Différences entre le droit du preneur et celui de l'usufruitier (Delv. p. 93, note 2) ; entre les obligations du locateur et le devoir du nu-propriétaire (1749-3ᵒ, 600).

Chap. II: Peut-on louer les choses qui se consomment par l'usage (Dur. nᵒ 21)? Règles spéciales pour la preuve en matière de bail (1715, 1716 ; *v.* 1341, Dem. nᵒ 405). Y a-t-il une différence entre céder son bail et sous-louer (Dur. nᵒˢ 90, 91) ? Le mari, le tuteur, l'usufruitier, peuvent-ils louer (1718 et 595 *combinés* avec 1429, 1430 ; *v.* 481)? Dans quel état la chose louée doit-elle être délivrée (1720; *v.* 1754)? *Quid*, si elle périt en tout ou en partie (1722)? Cas où des réparations diminuent la jouissance (1724). De quels troubles est-il dû garantie au preneur (1725 à 1727)? Quelles sont ses obligations (1728)? Quelle présomption résulte du défaut d'état de lieux (1731 ; Dem. nᵒ 420)? Sur qui pèse la responsabilité des incendies (1733, 1734) ? Pourquoi (Dur. nᵒ 104)? Est-ce entre les baux écrits ou non qu'il faut distinguer pour fixer la durée de la location (1736 , 1737; *mais v.* Dur. n° 116) ? Qu'est-ce que la tacite reconduction (*ib.* n° 118) ? Motif de 1743 (*ib.* n° 138). En quoi déroge-t-il aux principes généraux du droit (Dem. n° 432)? Comment se règle l'indemnité réservée au preneur expulsé (1745 à 1747) ? Droit de rétention à son profit (1749).

Motif de 1752 (Dem. n° 443). Le propriétaire n'a-t-il pas une action directe contre le sous-locataire (1753) ? Cette action est-elle plus avantageuse que celle qu'il aurait en vertu de 1166 (Dur. n° 161) ? Quelles réparations doivent , en général , être considérées comme locatives (Dem. n° 445)? Circonstances qui servent à fixer la durée du bail (1757, 1758).—Motif de 1763 (Dur. n° 176), de 1766 et de 1767 (*v.* 2102-1°). Le fermier peut-il réclamer une indemnité en cas de perte des fruits , soit avant la perception (1769 , 1770) , soit après (1771), et pourquoi (Dem. n°s 462 , 463)? *Quid* , s'il a pris les cas fortuits à sa charge (1773)? Comment se fixe la durée des baux à ferme (1774)? Qu'entend-on par soles (Delv. p. 107, note 2) ? Obligations du fermier sortant et du fermier entrant (1777, 1778 *comparé* avec 545).

Chap. III. Triple espèce de louage d'ouvrage (Dem. n° 472). A quoi bon prohiber les engagements de services à vie (1142 ; *mais v.* Dur.-n° 226) ? La preuve du louage de services déroge-t-elle aux règles générales (1781 ; *v.* 1315-2°, 1316, 1357-1°) ? Pourquoi (Dem. n° 475) ? — A qui sont assimilés les voituriers (1782) ? Que peut-on en conclure (1950, 1953, 2060-1°) ? A partir de quel moment sont-ils responsables (1785) ? Pour qui périt la chose quand l'ouvrier fournit la matière (1788 *comparé* avec 1138-2°; Dem. n° 484) ? Motif de 1790 (*ib.* n° 486 '. Combien dure la responsabilité des architectes (1792, 2270) ? Pourquoi (*ib.* n° 489) ? Motifs de 1793, de 1794, de 1795 (*ib.* n°ˢ 490 à 492). Quel avantage offre aux ouvriers l'action directe qui leur est accordée contre le propriétaire (Dur. n° 262) ?

Chap. IV. Divers sens du mot cheptel (*v.* 1818, 1840) ? Profits qu'on peut retirer d'un troupeau (1811-6° et 7°). Règles spéciales au contrat de cheptel (1811, 1812, 1815). Quels sont, dans les divers cheptels, les profits du preneur (1811-6° et 7°, 1819, 1823, 1824, 1828) ? Quelle part supporte-t-il dans la perte (1810, 1818, 1825, 1828-4°) ? Critique de 1810 (Dur. n° 274). D'où vient la dénomination de cheptel de fer (Dem. n° 520)? Pourquoi le contrat de l'art. 1851 est-il improprement appelé cheptel (*ib*. n° 529) ?

Tit. ix. Définition du contrat de société (1852). Le crédit est-il une mise suffisante (Dur. n° 518)? Qu'est-ce qu'une société léonine (*ib*. n° 528) ? Le mot société désigne-t-il toujours un contrat (*ib*. n° 554; *v*. art. 1845) ? L'article 1834 n'est-il pas plus nuisible qu'utile (*v*. 1341 , *et d'autre part*, 1347 et 1348, Dem. n° 532)? [1] Comment se compose l'actif des sociétés universelles (1837 , 1838)? [2] N'entre-t-il pas des biens à venir dans celle de biens présents (1837-2°); des biens présents dans celle de gains (1838) ? Quels biens à venir en exclut-on (1837-2°), et pourquoi (Dur. n° 348)? Entre qui peuvent-elles avoir lieu (1840 *combiné* avec 854)? — Obligation de l'associé qui promet un corps certain (1845); ou une somme (1846-1°; *v*. 1153-3°), ou qui en prend une dans la caisse sociale (1846-2° et 3°; *comparés* avec 1153-1° et 3°)? Comment se fait l'imputation, dans le cas où un associé reçoit un à-compte

[1] Qu'est-ce qu'une société taisible (Dur. n° 349)?

[2] Même question pour le passif (Dem. n°s 538 à 542).

d'un débiteur qui est aussi celui de la société (1848, 1849; *mais v.* 1253; Dur. n° 401)? Motif de 1850 (*ib.* n° 403). Pour qui périt la chose dont la jouissance est mise dans la société (1851 *comparé* avec 589 ; *ib.* n° 409)? Motif de 1853-2° (*ib.* n° 428); de 1856-2° (Dem. n° 571). — Quel est le droit de chaque associé à l'égard des actes des autres (*ib.* n° 574)? L'un d'eux peut-il adjoindre à la société un nouveau membre (*ib.* n° 579) ? Peut-il obliger les autres (1864)? Comment sont-ils tenus des dettes communes à l'égard des tiers (*ib.* n° 581)? — Comment finit la société (1865)? Est-elle dissoute par la perte de la chose apportée, qu'on en ait mis en commun la propriété (1867-3°) [1], ou la jouissance seulement (1867-2°) ? Raison de la différence (Delv. p. 128, note 3). Motif de 1865-5° (Dem. n° 587). Différence entre la renonciation de mauvaise foi et la renonciation à contre-temps (Dur. n° 477).

Tit. x. La convention de prêter, de recevoir un dépôt, de donner un gage, n'est-elle pas obligatoire avant la tradition effectuée (1919-1°, *Inst.* liv. 3, tit. 14; *mais v.* 1108, 1134-1°, 1172; Dur. n°

---

[1] Concilier 1867 et 1138 (Dur. n° 467).

487 ; Dem. t. II, n° 524) ? Quelle conséquence, en cas d'affirmative, peut-il résulter de ce que le Code considère ces trois contrats comme réels (Dem. *ib.*) ? Ne peut-on
faire un commodat avec des choses qui se
consomment par l'usage (Du Caur. n° 948);
un *mutuum*, avec des choses qui ne se
consomment pas (*ib.* n° 949)? Dès lors,
comment distinguer le commodat du *mutuum* (*v.* 1877 et 1893) ? — Le commodataire a-t-il le droit réel d'usage (Dem. n°
605)? Cinq cas où il est tenu du cas for-
tuit (1881 à 1883) ? A quoi bon 1885
(Dem. n° 614) ? Les articles 1888 et 1899
indiquent-ils une véritable obligation (Dur.
n° 581)? — Le *mutuum* est-il bilatéral (1898,
1899 ; *mais v.* Delv. p. 198 , Du Caur. n°
1034)? Le droit de l'emprunteur diffère-t-
il du droit de l'usufruitier (587 ; *mais v.*
601 , 617) ? Quand doit-il restituer (1900
et 1901 *comparés;* Dur. n° 583)? Que doit-
il rendre (1902 à 1904) ? Critique de 1895
(Dur. n° 574). — Pouvait-on jadis stipuler
des intérêts (Dem. n° 641)? Le peut-on aujourd'hui d'une manière illimitée. (*Loi du*
3 *sept.* 1807, 1)? Sens du mot rente (529-2° ;
Dem. n° 710). Origine de la constitution de
rente (Dur. n° 608). En quoi diffère-t-elle
du prêt à intérêt (1909-1°, 1902)? A quel

taux peut-on la constituer (Dem. nº 649) ? Qu'entend-on par racheter une rente (Delv. p. 201) ? Peut-on suspendre la faculté de racheter (1911-2º *combiné* avec 530-5º) ? Le capital d'une rente ne devient-il pas exigible dans certains cas. (1912, 1913) ?

Tit. xi. Divers sens du mot dépôt (*v.* 1917, 1955, 1944, 1259-2º). Pourquoi définit-on le dépôt un *acte* et non un contrat (1916, 1961) ? Est-il gratuit (1917 ; *mais v.* 1928-2º ; Dur. t. xviii, nº 20) ? Pourquoi ne peut-il avoir pour objet un immeuble (*ib.* nº 22) ? A quoi bon 1923, et 1924 (*ib.* nº 31) ? Quels soins doit apporter le dépositaire à la garde de la chose (*ib.* nº 37 ; art. 1927, 1928) ? Comment concevoir que le dépôt soit dans son seul intérêt (1928-3º ; *ib.* nº 39) ? A quoi est tenu le dépositaire qui n'a plus la chose (1934, 1955) ? *Quid*, si le déposant n'est pas propriétaire (1938) ? Où doit-il restituer (1943) ? *Quid*, s'il a déplacé la chose de bonne foi (Dur. nº 67) ? Quand doit-il restituer (1944, 1187) ? A quoi bon le priver du bénéfice de cession (1945, 1270-2º) , s'il n'est pas contraignable par corps (2060-1º ; *mais v.* C. pr. 126, et C. pén. 52 et 408 ; Dur. nº 69) ? Sa sûreté (1948).

Quelles sont les règles spéciales au dépôt

nécessaire (1950, 2060-1°)? A qui s'appliquent-elles (1782, 1952; *v.* 1953 *comparé* avec 1584-3°) ? — Par combien de
personnes peut être fait le séquestre (Dur.
n° 85) ? A quelles règles particulières est-il
soumis (1957, 1959, 1960 ; Dem. n° 699)?
Triple cas de séquestre judiciaire (1961).
Obligations respectives du gardien et du
saisissant (1962 ; Dem. n° 702 , note).

Tit. xii. *Chap.* i. Peut-il arriver que,
dans un contrat aléatoire, il n'y ait de
chances de gain ou de perte que pour une
des parties (1964 ; *mais v.* 1104 ; Dur. n°
95 ; Dem. n° 705) ? Définition des contrats
qui interviennent à l'occasion du jeu ou
du pari (Dem. n° 707). Pourquoi la loi
refuse-t-elle sa sanction aux dettes de jeu
(*ib.*) ? Les juges, dans les cas exceptionnels (1966) , peuvent-ils réduire la demande (Dur. n° 111)?

Chap. ii. La rente viagère suppose-t-elle
un contrat (*v.* 1969)? Offre-t-elle quelque
chose d'aléatoire quand elle est constituée
gratuitement (Dur. n° 122)? Est-elle alors
réductible (1970 ; *mais v.* 917 ; *ib.* n°
125)? Peut-on la stipuler au profit d'un
tiers (1973 ; *v.* 1121)? Motif de 1975
(Dem. n° 717). Pourquoi le taux de la rente
viagère n'est-il pas limité (*ib.* n° 718)?

Le rentier non payé peut-il se faire rendre le capital ou le fonds qu'il a donné (1978 *comparé* avec 1912 et 1654)? Les arrérages de la rente viagère sont-ils des fruits ou des portions de capital (*v.* 588 ; Dur. n⁰ 158)? A quelle époque sont-ils acquis au rentier (1980; *v.* Dem. n° 724)? Pourquoi la mort civile n'éteint-elle pas la rente viagère (Dur. n° 181)? A qui doit-elle être servie dans ce cas (Delv. p. 206, note 4)? Différences qui séparent la rente viagère de la rente perpétuelle (*v.* 1976, 1978, 1979).

Tit. xiii. Différentes significations du mot mandat (*comparer* 1984-1° et 2°). Nom des parties (*ib.*). Les promesses du mandataire obligent-elles le mandant envers les tiers, et réciproquement (1119; *v.* C. com. 94)? Le mandat salarié diffère-t-il du louage d'industrie (Dur. n° 196 ; *v. aussi* 1984-1° *in f.*)? Quels actes embrasse un mandat général (1988)? Pourquoi le pouvoir de transiger ne renferme-t-il pas celui de compromettre (Dur. n⁰ 231)? Le mandat donné à un mineur non émancipé ne produit-il aucun effet (1990; *mais v. ib.* n° 212)? — Obligations du mandataire (1991, 1993); sa responsabilité (1992). Répond-il de celui qu'il s'est substitué

(1994)? Le mandant a-t-il action contre ce dernier (1994-2°; *v.* 1166; Dur. n° 254)? De quand court l'intérêt des sommes dont le mandataire doit compte (1996 *comparé* avec 1153-3°)? Le mandataire s'oblige-t-il envers les tiers (1997; *v.* C. com. 91, 92)? — Triple obligation du mandant (1998 à 2000). De quand doit-il l'intérêt des avances (2001, *comparé* avec 1153-3°)? La pluralité des mandants ou des mandataires influe-t-elle sur leurs engagements (2002, 1995)? — Événements qui mettent fin au mandat (2003; *v.* 1134-2°). *Quid,* s'ils sont ignorés du mandataire (2008), ou des tiers (2005, 2009)? Motif de 2004 (Dur. n° 273).

Tit. xiv. Sens des mots cautionnement, caution (*v.* 2012, 2049, 2102-7°), certificateur (2035 *in f.*). En quoi diffère le cautionnement, de la novation (Dur. n° 295); de la convention par laquelle on se porte fort (*ib.* t. x, n° 208)? Le cautionnement ne renferme-t-il pas plusieurs contrats ou quasi-contrats (Dem. n° 764)? De combien de manières peut-il excéder l'obligation principale (*Instit.,* § 33, *de* action.)? Est-il nul dans ce cas (2015-3°)? *Quid,* si le débiteur est obligé sous alternative, et la caution, purement ou *vice versa* (Dur. n° 314)? Quelles qualités doit réunir une caution promise (2018, 2019; *v.* 2040)?

En quoi consistent les deux bénéfices dont jouissent les cautions (2021, 2026)? Dans quels cas la caution ne peut-elle invoquer celui de discussion (2021, 2022, 2042)? A quelles conditions peut-elle l'invoquer (2022, 2023)? Que peut demander au débiteur la caution qui a payé (2028 *comparé* avec 1153-3°)? Cas où elle n'a pas de recours (2031). Six cas où elle peut poursuivre le débiteur avant d'avoir payé (2032, 2039). Ne faut-il pas corriger la rédaction de 2032-5° (Dur. n° 364)? La caution qui a payé a-t-elle un recours contre les autres (2033, *combiné* avec 2032-1°, 2° et 4°; *v.* Dur. n° 365)? Événements qui libèrent la caution (2034, *mais v.* 2250 et Dem. n° 794). *Quid*, si elle succède au débiteur, ou réciproquement (*ib.* n° 795; Dur. n° 375)? — Quelles exceptions peut invoquer une caution (2036; Dem. n° 796)? Chercher un exemple pour l'application de 2037 (*v.* 2180-2°). L'art. 2038 ne fait-il pas exception aux principes (Dem. n° 798)? — Exemples de cautions légales (601, 2185-5°).

Tit. xv. Qu'est-ce que la transaction

(2044-1°; *v.* Dem. n° 808) ? En quoi diffère-t-elle du désistement , de l'acquiescement (Dur. n° 392), d'un acte confirmatif (*ib.* n° 393) ? La transaction faite sans écrit serait-elle nulle (2044-2°; *mais v. ib.* n° 406)? Qui peut (2045), et sur quoi peut-on transiger (2046 ; Dem. n° 807)? A quoi faut-il assimiler la transaction pour apprécier ses effets (2052-1°; *v.* 2048 à 2051)? Cas où la chose jugée peut être attaquée, et où la transaction ne le peut pas (*v.* C. proc. 474, 480); *et vice versa* (C. civ. 2053 à 2057). Motif de 2052-2° (Dur. n° 424); de 2056 (Dem. n° 816). *Quid*, dans le cas de cet article, si le gagnant a sciemment transigé (Dur. n° 430)?

Tit. XVI. Qu'est-ce que la contrainte par corps (F. B., *Comm. sur la Ch.* p. 315, 316)? le stellionat (2059, 2136)? Dans quels cas le juge est-il tenu de prononcer la contrainte par corps (2059, 2060 ; *v.* 1952 et 1782) ? Dans quels cas est-elle facultative (2061, 2062 ; *ajoutez* C. pr. 126)? Dans quels cas peut-elle être stipulée (2060-5°, 2062)? N'a-t-elle lieu contre les cautions judiciaires qu'autant qu'elles s'y sont soumises (Dur. n° 386) ? Différence entre les cas de réintégrande et d'action pétitoire (2060-2° *comparé* avec 2061); entre la contrainte par

corps et les autres voies d'exécution (2067 ;
C. pr. 551 ; Dur. n⁰ 482). Personnes contre lesquelles elle ne peut être prononcée
(2064 , 2066 ; *Comment. sur la Charte*, p.
212, 316). Jusqu'à quelle somme peut-
elle avoir lieu (2065 ; C. pr. 126-1⁰)?
Quelle est sa durée (*Loi du* 17 *avril* 1832,
7 ; *v*. Dur. n⁰ 484)? Différence entre les matières civiles et commerciales, quant à la
contrainte (*même loi*, art. 1, 5, 17).

Tit. XVII. *Chap.* I. Sens des mots : nantissement, gage, antichrèse (2071, 2072,
2078). En quel sens le contrat de gage est-
il réel (*ci-dev*. tit. 10, quest. 1 et 2)? En
quoi consiste le droit réel de gage (Dem.
n⁰ 853, 2⁰ alin.)? Formalités prescrites
pour le privilége du gagiste (2074 à 2076).
Quel est leur but (Dur. n⁰ 540)? Pour reconnaître si elles sont applicables, faut-il
examiner la valeur du gage, ou le montant
de la dette (*ib*. n⁰ 541)? *Quid*, si le gage
porte sur une créance (*ib*. n⁰ 524)? Si le
créancier perd la possession, peut-il revendiquer le gage (*ib*. n⁰ 529 ; *Instit*. , §
7, *de action*.)? Motif de 2078-2⁰ (*ib*. n⁰ 537).
Le débiteur ne peut-il vendre le gage au
créancier (*ib*.)? Obligations respectives des
deux parties, quant au gage (2080, 2082).
Effet de son indivisibilité (2083).

Chap. ii. L'antichrèse verbale est-elle nulle (2085-1°; *mais v.* Dur. n° 558)? Quelles sont les obligations de l'antichré-siste (2086, 2087) ? Est-il permis de com-penser les fruits avec les intérêts (2089 ; *mais v.* Dur. n° 556)? L'antichrèse confère-t-elle un droit réel (2091, Delv. p. 219, note 5 ; *mais v.* 2071,2085-1°; Dur. n° 560) ?

Tit. xviii. *Chap.* i. Quel droit a le créan-cier non payé, sur les biens de son débiteur (2092, 2204; Dem. n° 884) ? Sens du mot gage dans 2093 (*ib.* n° 853). Le créan-cier peut-il saisir tous les biens actuels (2092; *mais v.* Dur. t. xix, n° 2), et même les droits de son débiteur (1166, 1242)? Peut-il saisir les biens que son débiteur a aliénés (2092 *in f.* ; *mais v.* 1167-1° et *d'au-tre part* 2166) ? S'il y a plusieurs créanciers, dans quel ordre le prix des biens saisis et vendus leur est-il attribué (2093 ; *mais v.* 2094)? Cas où un créancier a un droit de rétention (867, 1673, 1749, 1948 ; Dem. n° 886). En quoi ce droit est-il plus ou moins avantageux qu'un privilége (Dem. *ib. in f.*)? Cas où le créancier a une action directe contre le débiteur de son débiteur (*v.* 1753, 1798, 1994-2°, C. pr. 133).

Chap. ii. Qu'est-ce qu'un privilége (2095)?

En quoi diffère-t-il de l'hypothèque (2096 *comparé* avec 2154)? Comment concevoir un privilége qui ne préjudicie pas aux droits antérieurs (2098-2°; Dem. n° 889, note 2)? — *Sect.* 1. Énumérez dans leur ordre les priviléges généraux sur les meubles (2101 ; *ajoutez* C. com. 549 ; Dem. n° 902). Que faut-il entendre par frais de justice (*v.* C. com. 191-1°; C. pr. 657) ? par frais funéraires (Dur. n° 47)? par la dernière maladie (*ib.* n° 54)? par année courante (*v.* Dem. n° 1012)? par subsistances (Dur. n° 67)? Motif de la différence entre les marchands en détail et les marchands en gros (*ib.* n° 62). — Énumérez les priviléges sur certains meubles (2102 ; *ajoutez* Dem. nᵒˢ 921 , 922). — Sur quels objets s'exerce le privilége de locateur (*ib.* n° 905 ; *v.* 1753)? Sens du mot *garnit* (Dur. n° 79). Le locateur est-il privilégié pour la totalité des loyers (Dem. n° 906) ? L'est-il pour les années échues, dans le cas où il n'a pas d'acte avec date certaine (Dur. n° 92)? Les créanciers peuvent-ils relouer, nonobstant une clause prohibitive du bail (*ib.* n° 90) ? Dans quel cas le locateur a-t-il droit de revendiquer (Dem. n° 910)? Pourquoi a-t-il un plus long délai quand il s'agit de meubles gar-

nissant une ferme (Dur. n⁰ 100) ? Créanciers préférés au locateur (2102-1°, 4⁰
alin., et 2102-4°, 3⁰ *alin.*).—A quelle condition sont subordonnés : le privilége du
vendeur de meubles (2102-4°; C. com.
550), son droit de revendication (2102-
4°) ? Pourquoi (1583; *mais v. Inst.*, § 41,
de rer. divis., Dur. n⁰ 120.) ? — Que com-
prennent les mots fournitures (*ib.* n⁰ 128);
dépenses accessoires (*ib.* n⁰ 133) ?

Sect. II. Énumérez les priviléges spéciaux
sur les immeubles (2103; *v.* 2111), après
avoir pris une notion du droit d'hypothèque (2114; *v.* 2113). — Le privilége du
bailleur de fonds, est-il autre chose que le
résultat d'une subrogation (Dem. n⁰ 936)?
Quelles formalités doit-il remplir pour être
subrogé (2103-2°; *mais v.* 1250-1°) ?—Pour
quelles créances sont privilégiés les co-par-
tageants (2103-3°, 2109)? Inconvénients de
ce privilége appliqué à la garantie des lots
(Dur. n⁰ 183). — Le privilége des ouvriers s'applique-t-il à des travaux autres
que des constructions (*ib.* n⁰ 192) ? Conditions auxquelles il est soumis, et limites
dans lesquelles il s'exerce (Dem. n⁰ 939).
— A quels motifs généraux se rattachent
les divers priviléges (*ib.* n⁰ˢ 892, 929) ? ¹

¹ En cas de concours entre un créancier qui a

Sect. III. Priviléges qui s'étendent sur les meubles et les immeubles (2104 ; *ajou-tez* Dem. n° 944) ; dans quel ordre (2105), et à quelle condition (Dem. n° 943).

Sect. IV. Un privilége ne produit-il d'effet qu'à *compter de la date* de son inscription (2106 ; *mais v.* Dur. n° 204)? Lesquels doivent être inscrits (2109 à 2111), et dans quel délai (2109, 2111)? Le vendeur doit-il faire transcrire dans un certain délai (Dur. n° 210)? Le peut-il, s'il n'a qu'un acte privé (Dem. n° 951)? Pourquoi donne-t-on une date au privilége de l'architecte (Delv. p. 155, note 5 ; *mais v.* M. Val. *Revue étr.*, sept. 1840)? En quel sens le droit des créanciers et légataires est-il un privilége (Dur. n° 214 ; *v.* 878, 880)? Quels sont les priviléges susceptibles de dégénérer en de simples hypothèques (2113 ; *v.* 2109 et 2111)?

Chap. III. L'hypothèque ne se compose-t-elle pas de deux droits distincts (*v.* 2094, 2114-5°)? Quel est leur nom (Dur. n°ˢ 247,

privilége spécial sur un meuble, et un créancier qui a un privilége général, auquel doit-on donner la préférence (Dem. n°ˢ 926 à 931)? Même question en cas de concours de plusieurs créanciers ayant privilége spécial sur un meuble (*ib.*), ou sur un immeuble (*ib.* n°ˢ 946, 947)?

248) ? A quels principes forment-ils exception (*v.* 2092, *in f.* et 2095)? Que résulte-
t-il de ce que l'hypothèque est indivisible
(*v.* 1224-1°, 2083)? Peut-on la rendre divisible (Dur. n° 245)? En quoi diffère-
t-elle du nantissement (*ib.* n° 249) ? —
Quels sont les biens susceptibles d'hypothèque (2118 *comparé* avec 518, 524 et
526)? Les meubles peuvent-ils être hypothéqués sous le rapport du droit de préférence (2119 ; *mais v.* Dur. n° 280)? Peuvent-ils être l'objet d'un droit de suite
(2102-1°; C. com. 196)? L'hypothèque est-
elle un droit immobilier (*ib.* t. IV, n° 104)?

Sect. I. Énumérez les hypothèques légales
(2121; *ajoutez* 1017, 2113; C. com. 490-3°
[*mais v.* Dur. n° 288]). Quelles personnes
exclut ou comprend le mot tuteur dans
2121-3° (*v.* 389, 420, 480, 513, et, *d'autre
part,* 396, 417)?

Sect. II. Qu'entend-on par actes judiciaires (2417-2°; Dem. n° 959, note)? Un
créancier à terme peut-il, au moyen d'un
jugement sur reconnaissance d'écriture, se
procurer hypothèque avant l'échéance (2123-
1°; *mais v. loi du* 3 *sept.* 1807 ; Dur. n°
339)? Motif de 2123-3° et 4° (Dem. n°
971)? Différence entre les lois politiques
et les traités (Dur. n° 342). Les jugements

rendus en pays étranger par les consuls emportent-ils hypothèque (*ib*.; 2123-4° *comparé* avec C. pr. 546)? ¹

Sect. III. Qui peut hypothéquer (2124, 2125)? Y a-t-il des personnes capables de s'obliger qui soient incapables d'hypothéquer (*v*. 481, 484; *mais v*. Dur. n° 347, p. 516 à 518)? Exemples d'hypothèques résolubles (1673-2° ; 929, 954, 963 ; *mais v*. 958). Comment peut-on hypothéquer les biens des mineurs (457-1°,458); des absents, pendant l'envoi provisoire (128, 2126 *in f*.; Dur. n° 349)? Forme de la convention d'hypothèque (2127, 2128). En quoi le Code a-t-il, sous ce rapport, modifié l'ancien droit (Dur. n° 563)? — Peut-on hypothéquer ses biens d'une manière générale (2129); ses biens à venir (2129-2°; *mais v*. 2130; Dur. nᵒˢ 374 et suiv.)? — Motifs qui ont fait exiger la spécialité de l'hypothèque (Dem. n° 978). — La perte de l'immeuble hypothéqué, arrivée sans le fait du débiteur, le prive-t-elle du bénéfice du terme (2131 *in f*. ; *mais v*. 1188; Dur. n° 280)? La créance conditionnelle est-elle sujette à évaluation (2132; *mais v*. Dem. n° 981) ?

---

¹ Faut-il que le jugement du tribunal étranger soit révisé par le tribunal français (Dur. n° 342)?

Sect. iv. Un créancier hypothécaire non inscrit prime-t-il les chirographaires (2094; *mais v.* 2135, 1er alin. *a contrario*)? L'inscription prise sur les biens actuels donne-t-elle le même rang sur les biens à venir, dans le cas de 2130 (Dur. n° 379)?[1] De quelle époque datent les hypothèques du mineur (*ib.*, t. xx, n° 14), et de la femme mariée, soit pour sa dot (2194; *mais v.* 2135, 3e alin., Dur. n° 20), soit pour ses autres créances (2135, 4e et 5e alin.; Dem. n° 987)? La dispense d'inscription subsiste-elle après le mariage et la tutelle (Dem. n° 989)? Personnes astreintes (2136 à 2138) ou autorisées à requérir l'inscription (2139). Le stellionat du mari ou du tuteur rentre-t-il dans les cas ordinaires (2136-2° *comparé* avec 2059-4°)?[2] Le subrogé tuteur qui ne fait pas inscrire est-il tenu d'indemniser les tiers (2137; *mais v.* 420-2°), ou le mineur (2135-1°; *mais v.* 2195-1°)? Comment restreint-on l'hypothèque légale, soit avant (2140 à 2142), soit pendant la tutelle ou le mariage (2143 à 2145)? La femme mineure peut-elle,

[1] Les hypothèques générales de dates différentes concourent-elles sur les immeubles acquis postérieurement (Dur. n° 325)?

[2] L'art. 2136 s'applique-t-il réellement aux priviléges (2095; *mais v.* Dur. n° 47)?

par contrat de mariage, restreindre son hypothèque (2140 , *comparé* avec 1398)? Faut-il, dans le même cas, que le mari soit majeur (2140; *mais v.* Dur. n° 55)?

Chap. iv. Où se fait l'inscription (2146-1°)? Doit-elle être prise dans un certain délai pour conserver le droit de préférence (2146; *v.* C. pr. 834-1°; Dem. n° 1000)? Doit-elle l'être avant le jugement déclaratif de faillite (2146-1°; *mais v.* C. com. 448-2°; 441 [*loi de* 1838])? Pourquoi ne peut-on s'inscrire en cas d'acceptation bénéficiaire (Dem. n° 1001 ; *v.* art. 802-2°)? Motif de 2147 (Dur. n° 86). Comment s'opère l'inscription (2148, al. 1 et 2 ; 2150)? Quelles personnes (2148-1° et 2° ; 2149), et quels objets doit-elle désigner (2148-3° à 5°)? [1] Peut-il arriver qu'on présente au conservateur un original en brevet (*ib.* n° 98)? L'inscription garantit-elle les intérêts (2151)? Pourquoi le Code a-t-il modifié sous ce rapport l'ancien droit (Dem. n° 1012) ? Quelles sont les trois années que mentionne 2151 (*ib.*) ? Pourquoi un cessionnaire doit-il exhiber un acte authentique, quand il veut changer l'élection de

---

[1] L'omission des désignations requises emporterait-elle nullité (Dem. n° 1011) ?

domicile (Delv. p. 166 , note 7)? Exige-t-on, pour l'inscription des hypothèques légales, les mêmes désignations que pour les autres (2155 *comparé* avec 2148)? Motifs de 2154 et de 2155 (Dem. n⁰ˢ 1015 et 1016).

Chap. v. Qui peut autoriser la radiation des inscriptions (2155, 2158)? Dans quels cas (2160; *v.* 2127 , 2129, 2180)? Qu'est-ce que la réduction (2161-1°)? Motif de 2162 (Dur. n° 240). Exemple pour l'application de 2165 (*ib*. n° 241).

Chap. vi. Faut-il que l'inscription précède l'aliénation pour conserver le droit de suite (2166 ; *mais v.* C. pr. 854 ; Dem. n⁰ˢ 1027, 1028)? Quadruple parti que doit prendre le tiers-détenteur d'un immeuble hypothéqué (*v.* 2178 et 2179)? En quoi payer est-il plus (2180-1°, 2167 *in f.; v.* 2185 1ᵉʳ al., 2184) ou moins avantageux que, purger (2168; *v.* 2184)? Délaisser est-il plus avantageux que subir l'expropriation (2173, 2174-2°)? Comment le tiers-détenteur peut-il être condamné en cette qualité (Dur. n° 259)? Peut-il toujours délaisser (2172), et comment (2174-1°)? Quel moyen dilatoire peut-il opposer (2170 ; *v.* 2022, 2023), et dans quel cas (2170 *in pr.; 2171)? S'il

¹ Peut-on appliquer 2170 et 2172 au cohéritier qui a payé sa part (Dur. n° 244)?

ne prend aucun parti, que peuvent faire les créanciers (2169 ; *v.* 2174-2°)? Leur doit-il compte des détériorations (2175) et des fruits (2176)? Le Code n'a-t-il pas adopté à cet égard deux décisions contradictoires (Delv. p. 180, note 10)? *Quid*, si le tiers-détenteur avait des droits réels sur l'immeuble (2177), ou réciproquement (Dur. n° 281)?

Chap. vii. Comment s'éteignent les priviléges et hypothèques (2180; *ajoutez* Dem. n° 1047)? La prescription est-elle distincte de l'extinction de la dette (*ib.* n° 1044)? Par quel délai s'accomplit-elle (2180-4° *combiné* avec 2262 et 2265)? Ce délai se détermine-t-il par la présence du créancier, ou par celle du propriétaire (2180-4°, 5e al. ; *mais v.* Delv. p. 182, note 3, 5e al.)? Si le créancier est présent, et le débiteur propriétaire absent, l'hypothèque est-elle perdue au bout de dix ans (*v.* 1166, 2180-4°, 2e al.) ?

Chap. viii. La faculté de purger n'est-elle pas inique, puisqu'elle prive les créanciers de leur hypothèque, sans les payer entièrement (2184 ; *mais v.* Dem. n° 1048)? Quelles sont les diverses applications de la transcription (*v.* 941, 1070, 2108, 2180-4°, 2181, 2198; C. pr. 834)? Produit-elle aujourd'hui le même effet que sous la loi du 11 brum. an VII (941 ; Dur. nº 351)? Quelles notifications doivent être faites par l'acquéreur qui veut purger (2183, 2184)? A quels créanciers (C. pr. 855)? Conditions auxquelles est subordonné le droit de requérir la mise aux enchères (2185). Motif de l'augmentation de délai indiquée par 2185-1º (Dem. nº 1055). Tout créancier est-il tenu de donner caution (Dur. nº 390)? A quelle condition le requérant peut-il se désister (2190), et pourquoi (Dur. nº 410)? Quelle est la circonstance qui purge l'immeuble (2186)? Droits du tiers détenteur évincé (2188), ou adjudicataire (2189, 2191). *Quid*, si son acquisition comprenait des biens non hypothéqués (2192)?

Chap. IX. Pourquoi un mode spécial de purger les hypothèques de la femme et du mineur (Dem. nº 1063)? Comment faire les significations prescrites (2194), à la femme et au subrogé tuteur (*ib.* nº 1064, note)? Résultat du défaut d'inscription (2195-1º). *Quid*, en cas d'inscription, s'il y a des créanciers antérieurs (2195-2º), ou non (2195-3º)?

Chap. X. En quoi consiste la publicité des registres (2196)? Quel effet produit le certificat négatif du conservateur (2198)? A quelle époque faut-il qu'il ait été-requis (*ib.*; *mais v.* Dur. n° 428)?

Tit. XI. Un créancier chirographaire peut-il exproprier (2092), comme un créancier hypothécaire ; (2209; C. com. 571)? Peut-on saisir tous les immeubles (2204 *comparé* avec 518, 524 et 526 ; *mais v.* Dur. t. XXI, n° 7)? une part indivise dans un immeuble (2205 ; Dem. n° 1080)? les immeubles d'un mineur (2206; *mais v.* 2207)? Motif de 2207 (Dur. n° 21). Contre qui se poursuit la saisie des immeubles de la communauté (2208-1°); de la femme mariée majeure (2208-2°) ou mineure (2208-3°) ? Quand peut-on saisir à la fois les biens de divers arrondissements (2210-1°; *ajoutez* loi du 14 nov. 1808, 1)? La modicité de la dette empêche-t-elle d'exproprier (Dem. n° 1088) ?

Tit. XX. *Chap.* I. Le mot prescription ne désigne-t-il pas deux idées distinctes (*v.* 712 et 1234; Ulp. tit. XIX, § 8)? Motifs sur lesquels sont fondées les deux prescriptions (Dur. n° 89). Quand ne peut-on renoncer à la prescription (2220, 2222)? et pourquoi (*ib.* n° 114)? Peut-on renoncer au laps de temps déjà écoulé (2220; *mais v.* 2248)? Pourquoi les juges ne peuvent-ils, d'office, suppléer la prescription (Dur. n° 109) ? Jusqu'à quand peut-on l'opposer (2224 ; 2221 *in f.*), et pourquoi (Delv. t. ii, p. 202, note 4) ? Droit des créanciers de celui qui est à même de l'opposer (2225 *combiné* avec 1166 et 1167). N'est-il pas déraisonnable de leur accorder ce droit (Dem. n° 1101) ?

Chap. ii. En quoi consiste la possession (Dur. n° 181) ? Pourquoi le Code (2228) en donne-t-il une définition alternative (*ib.* alin. 3) ? Quel est son rapport avec la propriété (*ib.* n° 183)? Ses principaux avantages (2229 , 549 , C. pr. 23). Double espèce de possession (1402; Dur. n° 187). Quels caractères doit-elle réunir pour conduire à la prescription (2229)? Les mots *continue* et *non interrompue*, font-ils double emploi (Dur. n° 206) ? Sens des mots : paisible [1] et non équivoque (Dem. n° 1105); publique (*v.* 553 ; Dur. n° 213), à titre de propriétaire (*ib.* n° 223). Exemples d'actes de pure faculté (*ib.* n° 232), ou de simple tolérance (*ib.* n° 256). Ne fondent-ils jamais la prescription (2232; *mais v.* 690) ? Différence quant à la jonction

---

[1] La possession violente dans son principe, peut-elle servir à prescrire (2233-1°, Delv. p. 210, note 6 ; *mais v.* 2233-2°, Dur. n° 209)?

de possession, entre les acquéreurs à titre universel et à titre particulier (*v.* 2255, 2257, 2239).

Chap. III. Le détenteur précaire ne peut-il jamais prescrire (2262 ; *mais v.* 2236-1° Delv. p. 209, note 8)?

Chap. IV. Comment s'opèrent les deux espèces d'interruption (2243 [*v.* C. pr. 25], 2244)? La saisie est-elle un mode d'interruption distinct du commandement (Dur. n° 268) ? *Quid*, si la demande est sujette à conciliation (2245 ; C. pr. 57)? Cas où elle n'interrompt pas (2247 ; *mais v.* 2246). Critique de 2247-4° (*ib.* n° 266). Quel est l'effet de l'interpellation adressée à l'un des héritiers d'un codébiteur solidaire (2249-2° et 5°) ? ou du débiteur d'une dette indivisible (2249-2°, *in f.*) ? — Différence entre l'interruption et la suspension (Dem. n° 1117). Cas où la prescription est suspendue à cause du débiteur (2252, 2253, 2258-1°), de la dette (2257), ou de tous deux (2255, 2256). [1] Pourquoi (Dem. n° 1127 ; v. Dur. n° 286)? Exemples pour l'application de 2256-2° (Dur. n° 312).

---

[1] Le renvoi de 2255 est-il exact (Dur. n° 303; *mais v.* Val. *Rev. étr.* avril 1840) ? — Exemple pour l'application de 2256-1° (Dem. 3e édit. n° 1132, note).

Motifs de 2258 (*ib.* n°s 314 , 321); de 2259 (*ib.* n° 323).

Chap. v. Quel est , dans le doute, le délai de la prescription (2262) ? Pourquoi le débiteur d'une rente peut-il être forcé de donner un nouveau titre (Dur. n° 347)? — Cas où la propriété se prescrit par dix ou vingt ans (2265). *Quid,* si le propriétaire a été tantôt absent, tantôt présent (2266 Dem. n° 1142)? Le mot *acquiert* n'est-il pas impropre dans 2265 (Dur. n° 351) ? Qu'entend-on par juste titre (*ib.* n° 355)? Différence entre la prescription et l'acquisition des fruits (*ib.* n°s 397 , 398). — Sur quoi sont fondées la plupart des courtes prescriptions (*ib.* n° 402)? Leur effet est-il péremptoire (2275) ? Signification des mots cédule , obligation, arrêté de compte (Delv. p. 208 , note 2). Motif de 2277 (Dem. n° 1152). Que signifie l'adage : en fait de meubles, possession vaut titre (*ib.* n° 1154 ; *ajoutez* art. 1141) ? De quel moment court la prescription de trois ans, en cas de perte ou de vol (*ib.*)?

CODE

DE PROCÉDURE CIVILE.

——

(2ᵉ EXAMEN : art. 1 à 92 ; 116 à 192 ; 252 à 294 ; 324 à 362 ; 397 à 504 ; 545 à 582 ; 806 à 811 ; 1005 à 1042.)

Préliminaires.

Quelles sont les diverses acceptions du mot procédure (M. Berriat Saint-Prix, *Cours de procéd. civile*, 6ᵉ *édit.*, p. 1) ? Divisions de la procédure en civile et en criminelle (*ib.*) ; en judiciaire et en extra-judiciaire (*ib.* p. 2). Que signifient les mots procès, instance, instruction (*ib.*) ? Nuance entre procès et différend (*ib.* note 5). Noms des personnes entre qui a lieu le procès (*ib.*). Qu'est-ce que le fond , par opposition à la forme (*ib.* note 6) ?

Que signifient les mots jurisdiction et compétence (*ib.* p. 10 et 30) ? Sont-ils synonymes (*ib.* p. 31, note 49)? Division de la jurisdiction en gracieuse et contentieuse (*ib.* p. 10). Qu'entend-on par ressort , par degrés de jurisdiction (*ib.* p. 10 à 12) ? Significations du mot juge (*ib.* p. 20).

Combien y a-t-il de degrés de jurisdiction (*ib.* p. 16) ? Y a-t-il des exceptions en plus ou en moins (*ib.*) ? — Signification et origine de l'adage : Toute justice émane du roi (F. Berriat , *Comment. sur la Ch.*, p. 339 à 341). Qui nomme les juges (Charte 48 ; *mais v. Commentaire*, p. 371 , 374 et 395) ? et parmi quelles personnes (*ib.* p. 344)? Peuvent-ils être destitués (Charte 49 et 52 ; *mais v. Comment.* p. 357, 358) ? Qu'est-ce que l'institution d'un juge (*ib.* p. 346)? Que signifie le principe : nul ne peut être distrait de ses juges naturels (*ib.* p. 379)? En quoi diffèrent les juges ordinaires et les juges d'exception (*ib.* p. 363)? Cette division doit-elle être confondue avec celle des juges, en ordinaires et extraordinaires (*ib.* p. 385, 387) ? Dans quelles limites est renfermé le pouvoir judiciaire (B. S. p. 18) ?

A quoi est tenu le juge (C. civ. 4 ; C. pr. 508-4°) ? Peut-il juger spontanément une contestation (B. S. p. 21 , *ij* , 1°)? réformer le jugement qu'il a rendu (*ib.* note 21 , n° 1) ? — Qu'est-ce que le ministère public (*ib.* p. 23) ? Divers noms de ses membres (*ib.* note 22). Pourquoi les appelle-t-on procureurs du roi (*Comm. sur la Ch.* p. 356, 118)? — Peut-on juger en tout temps (B. S. p. 27) ? en tout lieu (*ib.* p. 28 , et notes 35 , 41 ; *v.* C. pr. 808)? Sens du mot audience (*ib.* note 44).

Définition du mot action (*ib.* p. 107), Définition des actions réelles, personnelles et mixtes (*ib.* p. 111) ; des actions mobilières et immobilières (*ib.* p. 118) ; des actions pétitoires et possessoires (*ib.* p. 120).

Quels sont les tribunaux ordinaires en matière civile (B. S. p. 55)? Quelle est, parmi les différentes dénominations de ces tribunaux, celle qui est préférable (*Comm. sur la Ch.* p. 365 , note)? Ne sont-ils pas parfois juges d'appel (C. pr. 404-2°, 1025)? Quand jugent-ils en dernier ressort (*Loi du 11 avril* ¹ *1838* , art. 1 *comparé avec* B.

¹ Cette loi se trouve , dans l'édition des Codes de Teulet et de Loiseau , au-dessous de l'art. 48 ; celle

S. p. 57, n° *iij*)? Chercher pourquoi la loi nouvelle n'a pas porté à 75 fr. le taux de la compétence en dernier ressort, évalué par le revenu. Les membres des tribunaux d'arrondissement n'ont-ils pas, dans certains cas, une juridiction particulière (B. S. p. 61, texte, et note 72) ? — De quoi connaissent les cours royales (*ib.* p. 65)? Quels ont été leurs divers noms, et comment s'appellent leurs décisions (*Comm. sur la Ch.* p. 565)?

Quelles actions sont de la compétence du juge de paix (B. S. p. 50 et 51, nᵒˢ 1 et 3)? Cas où ils ne jugent qu'à charge d'appel (*Loi du 25 mai* 1858, 6). Cas où ils jugent, tantôt en dernier, tantôt en premier ressort (*ib.* 1 à 5). Quels sont les divers taux de leur compétence en premier ressort (*v. ib.* art. 1, le 1ᵉʳ al. des quatre suiv. et 7 *in f.*) ? —Cas où le juge de paix exerce une juridiction gracieuse (*v.* C. pr. 48; C. civ. 353, 416 ; 985).

De quoi connaissent les tribunaux de commerce (C. com. 631, 639 ; *mais v.* Loi du 3 mars 1840), et les conseils de prud'hommes (*Comm. sur la Ch.* p. 374) ? Dans

du 25 mai 1838, sous l'art. 1 ; celle du 1ᵉʳ avril 1837, sous l'art. 440 du Code d'instr. crim.; nous citons de préférence cette édition, parce qu'elle est très correcte et qu'elle nous a paru la plus complète.

quel cas est-on forcé de se faire juger par des arbitres (*ib.*) ?

Pourquoi la cour de cassation n'est-elle pas un troisième degré de juridiction (*ib.* p. 367)? Quand elle casse un jugement, juge-t-elle le procès sur lequel il avait été rendu (*ib.* p. 368)? *Quid*, si elle casse une seconde fois dans la même affaire, pour les mêmes motifs (*Loi du 1er avril* 1837, 2)? Pour quelle cause peut-elle casser un jugement (B. S. p. 535 à 536, et p. 536, note 23, n° 5)? N'est-elle pas composée de plusieurs sections (*ib.* p. 68, note 89, obs. 1)?

Quelles circonstances ont servi de base au législateur pour régler la compétence (*ib.* p. 31)? S'il y a doute entre le juge ordinaire et le juge d'exception, auquel faut-il porter la demande (*ib.*)? Lorsque la valeur de l'objet litigieux est indéterminée, est-ce au juge de paix, ou au tribunal d'arrondissement qu'il faut porter la demande (*ib.* p. 33; *v.* C. civ. 528, 492)? *Quid*, si, la demande excédant le taux de la compétence du juge de paix, le juge ne condamne qu'à une valeur inférieure (B. S. p. 33, 2°)? Que signifie cette expression : le juge est saisi de la contestation (*ib.* p. 55)? Sens et étymologie du mot reconvention (*ib.* p. 37, note 64, n° 2). *Quid*, si, la demande

reconventionnelle et la demande principale
étant chacune inférieure au taux de la compétence, leur total excède ce taux (*Loi du
11 avril 1838, 2, et du 25 mai, 7*) ? *Quid,*
si la demande reconventionnelle excède le
taux à elle seule (*Loi du 25 mai 1838,
art. 8-3°*) ?

CODE DE PROCÉDURE.

PARTIE 1. — LIVRE II. [1]. *Tit.* i. Qu'est-ce que le préliminaire de conciliation (B. S. p. 204)? Une demande peut-elle être principale sans être introductive d'instance (*ib.* p. 205, note 9)? Motif des dispenses de conciliation (*ib.* note 15). Quel juge doit concilier en matière réelle (C. pr. 50-1° *comparé* avec 59-5°)? Pourquoi, quand le juge de paix est conciliateur, le délai est-il plus long (54) que lorsqu'il est juge (5; Boitard, *Leçons sur le Code de procéd.* p. 158.) ? Le procès-verbal de conciliation est-il un acte authentique (54-2°; *mais v.* C. civ., 1517, B. S. p. 208, note 25)? Qu'importe au défendeur qui n'a pas payé l'amende (56), qu'on lui refuse audience (Boit. p. 162)? Effets de la citation en conciliation (57).

Tit. ii. Sens des mots ajournement, assignation, citation (B. S. p. 242, texte, et note 1). Effet de l'assignation par rap-

---

[1] L'étude du livre 1 doit suivre celle du livre 2. V. p. 191.

port au juge (B. S. p. 227, nᵒˢ 4 et 5). A quoi oblige-t-elle le défendeur (C. pr. 75, 149)? Dans quel délai (72, 74)? Le défendeur doit-il comparaître en personne (*v.* 75, 149)? Doit-il faire présenter son avoué à l'audience, à l'expiration du délai (61-4°; *mais v.* 77 à 80)? Qui peut assigner ou être assigné (B. S. p. 213 à 216)? Sens de la maxime : nul ne plaide par procureur (Boit. p. 243). Exception qu'elle reçoit (69-4°; *mais v. Comm. sur la Ch.* p. 356, et 156, note 1). En la personne de qui assigne t-on les êtres moraux (69-1° à 3°; 5° à 7°) ? — En principe, devant quel tribunal doit-on assigner (Boit. p. 187)? Quelles exceptions la loi admet-elle à ce principe (59-3° à 9°; 60)? Toutes les actions réelles se portent-elles au tribunal de la situation (B. S. p. 137, nᵒ 13 *bis*, et p. 138, note 21, nᵒ 2)? [1] — Quelles personnes et quelles choses doit désigner l'exploit d'ajournement (61, 64)? Pourquoi doit-il désigner la date (*v.* 63 et 72; C. civ. 1153-3° et 2244)? Que faut-il y joindre (65)? — Qu'est-ce qu'un huissier (B. S. p. 80)? un huissier audiencier (*ib.* p. 81)? Étymo-

---

[1] Quelles actions peut-on considérer comme mixtes (B. S. p. 117, nᵒ 2)?

logie du mot huissier (B. S. p. 81, note 29).
Qu'appelle-t-on exploit (*ib*. note 35)? Pourquoi a-t-on recours à un huissier pour remettre l'assignation (*ib*. p. 87, n° iv)? A qui doit-il la remettre (art. 68)? Peut-il instrumenter pour toutes personnes (66)? *Quid*, si le défendeur n'a pas de domicile connu (69-8°)? *Quid*, s'il en a un hors de France (69-9°)?

Tit. iii. Qu'est-ce qu'un avoué (B. S. p. 71)? Comment appelait-on autrefois les avoués (*ib*. p. 72, note 6)? Qu'entend-on par constitution d'avoué (*ib*. p. 74, n° ij)? Peut-on la révoquer (art. 75)? Sous quelle peine est-elle obligatoire (art. 149)? — Le défendeur est-il tenu de signifier des défenses (77; *mais v*. 154)? et le demandeur, des réponses (78; *mais v*. 80 *in f*.)? Pourquoi les défenses prennent-elles le nom de requêtes (B. S. p. 230, note 1, n° 1)? Qu'entend-on par poursuivre l'audience (Boit. p. 338)?

Tit. iv. Quand le ministère public est-il partie jointe ou partie principale (B. S. p. 24)? Dans quels cas y a-t-il lieu à communication (art. 83)?

Tit. v. Dans quels cas peut-on ordonner le huis clos (art. 87)? Qu'entend-on par conclusions (B. S. p. 267)? par conclu-

sions subsidiaires (B. S. p. 267)? Suffit-il de
les indiquer dans l'assignation (*ib.* p. 268, 3ᵉ
alin.) ? — Énumérez les huit actes qui composent un procès sans incidents (61 , 75,
77, 78, 80, 149, 343-1°, 116).

   Tit. VII. Signification des mots jugement
(B. S. p. 276), ordonnance (*ib.* note 2).
Principales divisions des jugements (*ib.* p.
276 à 278, et note 2 *a*). Combien faut-il
de juges pour un jugement (*ib.* p. 55,
note 58, n° 3) ? Faut-il qu'ils soient unanimes (*ib.*, p. 279 note 17) ? Quand sont-
ils forcés de changer d'avis (*ib.* texte et
note 20) ? Quand y a-t-il partage (*ib.*
texte et note 22) ? Qu'est-ce que vider le
partage (*ib.* note 24) ? — Cas où le délai
de grâce ne peut être accordé (C. pr. 124
comparé avec C. civ. 1188). — Comment se
font les restitutions de fruits (129) ? — Envers qui le perdant est-il condamné aux dépens (130 *comparé* avec 133 ; C. civ.
1999-1°) ? Qu'entend-on par compenser les
dépens en totalité (B. S. p. 174, note 5),
ou en partie (Boit. p. 550)? par distraire les
dépens au profit de l'avoué (*ib.* p. 538) ?
Quel avantage l'avoué du gagnant a-t-il à
demander la distraction (*ib.*, et p. 556) ?
— Exemples de demandes provisoires (B.
S. p. 278, note 8). A quoi bon y statuer

quand le fond est en état (B. S. p. 278, note 11)? — Dans quel but ordonne-t-on l'exécution provisoire d'un jugement (*v.* 155-1°, 450, *et d'autre part*, 159 *in f.* et 457-1°) ? Dans quels cas (155)? Qu'entend-on par promesse reconnue (C. civ. 1322)? Comment concevoir qu'une condamnation ait déjà précédé (135, 1er alin.) le jugement (C. civ. 1351; *mais v.* Boit. p. 559)? Motif de 136 (*ib.* p. 566). — Mesure pour empêcher l'altération des jugements (138 à 140). Qu'entend-on par qualités (142; *mais v.* 144)? Qui les rédige (142)? Inconvénients qui en peuvent résulter (Boit. p. 434 à 437). Qui statue en cas de contestation (145)? — Que faut-il faire avant d'exécuter un jugement (147, 148)?

Tit. VIII. Étymologie du mot défaut (B. S. p. 286, note 2). Combien y a-t-il d'espèces de jugements par défaut (art. 157 et 160; et, *d'autre part*, 156 et 162)? N'ont-ils pas un double objet (Boit. p. 575)? Conséquences du défaut, soit du défendeur (150; *v. ib.* p. 577), soit du demandeur (*ib., mais v.* 434-1°; B. S. p. 288, note 13). *Quid*, s'il y a plusieurs parties citées à différents délais (151)? Qu'entend-on par joindre le profit du défaut (B. S. p. 287, 288, et note 4, n° 2)? Dans quel délai doit être exécuté

un jugement faute de constituer avoué (art.
156 *comparé* avec C. civ. 2262)? — Qu'est-
ce que l'opposition (B. S. p. 145)? Son
effet (*v.* 159 *inf.* et 161-1°). Dans quel
délai doit-elle être formée (156, 158)?
Quand un jugement est-il réputé exécuté
(159) ? Sens du mot recommandation
(*Comm. sur la Ch.* p. 50, note 2). Quelle est
la forme de l'opposition (160, 162)? Que
signifie la maxime, opposition sur opposition ne vaut (Boit. p. 645)?

Tit. ix. En quoi les exceptions proprement dites diffèrent-elles des défenses (B.
S. p. 236, texte et note 6)? [1] Sens de l'expression fin de non recevoir (*ib.* n° 7).
Division des exceptions (*ib.* p. 240). Quelle
exception peut-on opposer au demandeur
étranger (166, 167, 423)? Quel est le vrai
nom des renvois (*v.* 424; B. S. p. 251,
notes 22 et 24)? Double espèce d'incom-
pétence (*ib.* p. 252, note 25)? Double différence entre les exceptions qui en résultent
(art. 169, 170). Doit-on proposer d'abord
l'exception de la caution, ou le déclinatoire
ratione personæ (Delv. p. 16, note 6 ; *mais
v.* Boit. t. ii, p. 28)? Quand y a-t-il litis-

---

[1] Et des exceptions du Droit romain (B. S. p.
240, note 2)?

pendance ou connexité (B. S. p. 253, texte et note 30)? Chercher des hypothèses de litispendance (Boit. p. 32, 33). — Exceptions dilatoires traitées par le Code (174, 175)? N'y en a-t-il pas d'autres (B. S. p. 255, note 38)? Exemples de cas où il y a lieu à garantie (*ib.* note 57), à sous-garantie (Boit. p. 82). En quel sens produit-elle une exception dilatoire (B. S. p. 258 et 259)? Double espèce de garantie (B. S. p. 258, texte et note 48)? Différence entre leurs effets (*ib.* p. 260, texte et notes 57, 58). Comment se fait-il que le jugement rendu contre le garant formel soit exécutoire contre le garanti (C. civ. 1351; *mais v.* 2182-2°)? Qu'entend-on par assister à une cause (B. S. note 60)? par employer (art. 188) une pièce (*ib.* p. 264, note 75 *a*, n° 2)?

Tit. XII. Étymologie du mot enquête (B. S. p. 318). Que doit faire la partie qui veut obtenir une enquête (art. 252 à 255)? Conditions requises pour qu'elle puisse être ordonnée (253, 254). Qu'entend-on par faits pertinents et concluants (B. S. p. 320)? La preuve d'un fait quelconque est-elle toujours possible (*ib.* p. 321; *mais v. Revue étrang.* févr. 1841)? Devant qui l'enquête se fait-elle (art. 255-2° *comparé* avec 407,

432)? Pourquoi a-t-on limité la durée de l'enquête (Boit. p. 181)? Quelles notifications fait-on aux témoins (art. 260) ? *Quid*, s'ils ne se présentent pas (263 à 266) ? Comment déposent-ils (262, 271 à 274)? Pourquoi ne peuvent-ils pas lire leur déposition (B. S. p. 335, note 61)? Comment est-elle constatée (269, 271 et suiv.)? Faut-il faire entendre au moins deux témoins sur un fait (*ib*. p. 328, note 34) ? Peut-on en faire entendre plus de cinq (art. 281) ? — Comment se proposent les reproches (270, 282)? Quel est le résultat d'un reproche admis par le tribunal (284 [255-2°]; et *d'autre part* 291 [271])? Quelles sont les causes de reproche (283)? La parenté est-elle seulement une cause de reproche (283-1°; *mais v.* 268)? Motif de 290, *in f.* (Boit. p. 239). *Quid*, si l'enquête est nulle, soit par la faute du commissaire, soit par celle de l'avoué (292, 295)?

Tit. xv. Quel est le but de l'interrogatoire (B. S. p. 349, note 4)? Que doit faire la partie qui veut l'obtenir (art. 325 ; *tarif*, 79)? Devant qui doit-il avoir lieu (art. 325 ; 333 *in f.*)? Pourquoi signifie-t-on à la partie la requête qui contient les faits (B. S. p. 350, n° 4)? N'y a-t-il pas moyen de la surprendre à l'improviste (*ib*. p. 352, note 14, et p. 357, note 2)? Comment interroger les personnes morales (art. 336)?

Tit. xvi. Étymologie des mots incident, intervention (B. S. p. 291, note 2, et 359, note 2). Pourquoi doit-on former en même temps les demandes incidentes (Boit. p. 258)? Quand y a-t-il lieu à les juger par préalable (B. S. p. 295, note 9)? Qu'est-ce que l'intervention (*ib.* p. 358)? Comment se forme-t-elle (*ib.* p. 230)? Est-elle nécessairement admise (*ib.* p. 358, et note 6) ?

Tit. xvii. Que résulte-t-il de ce qu'une instance est interrompue (art. 344)? Quels sont les événements qui interrompent (*ib.* et 345-2°, *mais v.* 343)? Pourquoi (Boit. p. 272)? Qu'entend-on par changement d'état, et cessation des fonctions (*ib.* p. 273) ? Produisent-ils interruption (342 *a contrario; mais v.* 345-1°)? Pourquoi n'y a-t-il pas besoin de notifier le décès des avoués (p. 281)? Quand une affaire est-elle en état (art. 343)? — Comment faire cesser l'interruption d'instance (346; *v.* 349)? Qu'est-ce que procéder suivant les derniers errements (B. S. p. 376, notes 11 et 12) ? Quand suffit-il d'un simple acte pour reprendre l'instance (art. 347; *ib.* p. 384, note 16, n° 1)? Pourquoi faut-il qu'elle soit *évacuée* (*ib.* p. 382)?

Tit. xviii. Qu'est-ce que le désaveu (B. S. p. 391)? Qui peut-on désavouer (art. 354; *mais v. ib.* note 4)? A l'occasion de quels actes (art. 352; *mais v. ib.* p. 391 et note 6)? Comment se forme la demande en désaveu (art. 353 à 355)? Devant quel juge (356, 358)? Dans quel délai (362)? Le désaveu incident suspend-il l'instance principale (357)? Effets du désaveu jugé valable (360). Effets du rejet (361).

Tit. xxii. Qu'est-ce que la péremption (B. S. p. 395)? Étymologie du mot (*ib.* note 2). Quel est l'effet de la péremption (art. 401)? N'y a-t-il pas des cas où elle éteint l'action (B. S. p. 400; *v.* C. civ. 2247-3º)? A-t-elle lieu de droit (art. 399)? Sens des mots : la péremption *se couvre* (Boit. p. 325). Par quel laps de temps s'effectue-t-elle (art. 397)? Contre qui peut-elle être invoquée (398; *v.* C. civ. 2252)?

Tit. xxiii. Qu'est-ce que l'acquiescement (B. S. p. 405)? le désistement (*ib.* p. 411)? Ont-ils besoin d'être acceptés (*ib.* p. 407, 411)? Le désistement éteint-il l'action (401 *a contrario; mais v.* 403-1º)?

Tit. xxiv. Pourquoi les matières sommaires sont-elles ainsi appelées (B. S. p. 419)? En quoi leur procédure diffère-t-elle de la procédure ordinaire (art. 405 *com-*

paré avec 77 et 78)? Différences relatives aux enquêtes (410 et 407 *in f. comparé* avec 255-2°). — Quelles sont les matières déclarées sommaires par la loi (404; *loi du 11 avril 1858,1*)? Sens des mots *pures personnelles* (B. S. p. 419, note 4).

Tit. xxv. Différence entre les agréés et les avoués (*Comm. sur la Ch.* p. 573). Délai de l'ajournement en matière commerciale (art. 416, 417; *mais v.* 418 *in f.*). Faut-il que l'assignation donnée à bord soit remise à l'assigné lui-même (art. 419; *mais v.* B. S. p. 426, note 7 *a*)? Quel est le tribunal de commerce compétent *ratione personæ* (art. 420 *comparé* avec 59-1°)? Incidents pour le jugement desquels il est incompétent (426, 427). Dans quel cas les parties doivent-elles faire élection de domicile (422-1°)? Les arbitres chargés de l'examen des comptes (429), sont-ils des arbitres proprement dits (B. S. p. 429, note 16)? Quel est le délai de l'opposition aux jugements par défaut (art. 436; *mais v.* C. com. 643)?

Livre i. Quelle est la principale différence entre la procédure de paix et la procédure ordinaire (B. S. p. 418, texte et note 23)? Différences relatives à la citation (art. 1 et 5 *comparés* avec 61 et 72). Peut-

on proroger la compétence du juge de paix
(art. 7)? *Quid*, s'il a rendu un interlocutoire (art. 15)? Les délais d'opposition sont-
ils de rigueur (art. 21)? — En quoi consiste la possession (Durant. t. xxi, n°181)?
Ses deux espèces (*ib.* n° 184). En quoi la
complainte diffère-t-elle de la réintégrande
(B. S. p. 120)? Quelles sont les conditions
requises pour pouvoir exercer une action
possessoire (art. 23; *v.* C. civ. 2229)[1]?
Qu'est-ce que : posséder à titre précaire (B.
S. p. 126, note 29, n° 2)? posséder par
les siens (*ib.* note 28)? Que signifient les
mots : le fond du droit, dans l'art. 24 (*ib.*
p. 123, n° 4)? Conséquences de l'art. 25
(Boit. p. 468 à 472). Motifs de l'art. 26 (B.
S. p. 124, note 23); de l'art. 27-2° (*ib.*
note 24).— Sens du mot récusation (*ib.* p.
364). Causes de récusation (art. 44). Comment la récusation est-elle jugée (47, *in f.*)?

LIVRE III. L'intitulé du livre III est-il
exact (*v.* art. 471, *Comment. sur la Ch.* p.
416)? Qu'est-ce que l'appel (B. S. p. 454,
2ᵉ alin.)? Comment se nomment les deux
parties (*ib.*)? Combien y a-t-il d'espèces d'appel (*ib.*)? Quel est, en général, le délai pour

[1] La réintégrande exige-t-elle la possession annale
(Boit. p. 453 et suiv.)?

appeler (art. 445; 16 *comparé* avec *loi du 25 mai 1838, 13*)? De quel moment court-il (443)? Peut-on appeler avant la signification (*v.* 449; B. S. p. 467, note 41)? immédiatement après la condamnation (*ib.* p. 471, n° vj; *loi du 25 mai 1838, 13*)? Quel est l'effet de la mort du condamné (art. 447)? de sa minorité (444)? de son absence (446)? Motif de 447-3° (B. S. p. 469, note 53, n° 1). Cas de pièces fausses ou retenues (art. 448). De quel privilége jouit l'intimé quant au délai d'appel (art. 443-5°)? Pourquoi (Boit. t. III, p. 49)? Définition des jugements préparatoires et interlocutoires (art. 452). Quand peut-on en appeler (451; B. S. p. 460, note 20, n° 5)? Quel pouvoir exceptionnel a le juge d'appel qui infirme un jugement interlocutoire (*ib.* p. 487 et note 114)?

Comment se forme l'appel (art. 456)? En quoi l'instruction diffère-t-elle de celle de première instance (462 *comparé* avec 77 et 78)? Sens du mot griefs (Boit. p. 104). Double effet de l'appel (B. S. p. 477). Cas où il produit un effet unique (*ib.* p. 478). Qu'entend-on par arrêt de défenses (*ib.*)? Pourquoi né peut-on former, en appel, de nouvelles demandes (*ib.* p. 480, n° 2)? Motif des exceptions que souffre cette règle

(B. S. p. 481, texte et note 95, p. 483).
Comment se votent les arrêts (467 et 468
comparés avec 116 à 118)? Que décide le
tribunal supérieur, suivant que l'appel lui
paraît bien ou mal fondé (B. S. p. 491?
Peine de l'appelant qui succombe (art.
471 et *ib.* note 121, n° 2). A qui appartient l'exécution du jugement confirmé ou
de l'arrêt infirmatif (472)? et pourquoi
(*ib.* note 119, n°ˢ 1 et 2)?

Livre iv. *Tit.* i. Qu'est-ce que la tierce-
opposition (B. S. p. 494)? L'application
des principes sur la chose jugée (C. civ.
1351) dispense-t-elle d'y recourir (*ib.* p.
500)? Quelle utilité peut-on en retirer
(Boit. p. 173)? Dans quel délai doit-elle
être exercée (B. S. p. 501, n° ij)? Devant
quel tribunal (art. 475, 476)? A-t-elle
un effet suspensif (477, 478)? Peine du
tiers-opposant qui succombe (479).

Tit. ii. Qu'est-ce que la requête civile
(B. S. p. 504)? Pourquoi est-elle ainsi
nommée (*ib.*)? Est-elle admissible contre
un jugement en premier ressort, après le
délai de l'appel (art. 480, 1ᵉʳ alin.)?
Quelles sont les ouvertures de requête
civile (480, 481)? Qu'entend-on par dol
personnel (B. S. p. 509, note 20)? A
quel principe se rattachent les ouvertures

indiquées par 480-3° à 5° (B. S. p. 510)? Les
n°s 2 et 6 ne fournissent-ils pas aussi des
moyens de cassation (*ib.* p. 536, note 23,
n° 2; art. 504)? Quand le défaut de communication au ministère public donne-t-il
lieu à requête civile (480-8° *in f.*)? En cas
de pièces fausses ou retenues (480-9° et
10°), n'y a-t-il pas lieu à appel plutôt qu'à
requête civile (448; *mais v.* 480 *in pr.*)?
Le délai de la requête n'est-il pas soumis
aux mêmes règles que le délai de l'appel
(483 à 488; *mais v.* 489 et 484 *comparé*
avec 444)? A quelles conditions préalables
est subordonné l'exercice de la requête civile (494, 495, 499)? A-t-elle un effet
suspensif (497)? Sens des mots : entéri-
ner la requête civile (B. S. p. 522, note
57, n° 5), rescindant et rescisoire (*ib.*
note 52 *b* et 53), forclusion (*ib.* p. 619,
note 18, n° 4). — Énumérez les voies,
tant ordinaires qu'extraordinaires, pour
attaquer les jugements (*ib.* p. 441 et note
4 *b*).

LIVRE v. *Tit.* vi. Quelles sont les dispositions pour l'exécution desquelles inter-
vient l'autorité publique (*ib.* p. 545 et
note 1)? Comment doivent être intitulés
les actes exécutoires (art. 545; B. S. p.
566, note 5 *a*)? Qu'appelait-on *visa* et

pareatis (B. S. p. 565, note 5)? *V.* ci-dessus,
p. 164, note 1. Quels sont les tiers qui
peuvent être tenus d'exécuter un jugement
(C. civ. 1351; *mais v. ib.* notes 9 et 10) ?
et à quelles conditions (C. pr. 548)? —
Double moyen d'exécuter les actes (B. S.
p. 545, 546). Qu'est-ce que la contrainte
par corps (*Comm. sur la Ch.* p. 315, 316,
v. C. pr. 126, 127)? une saisie (B. S. p.
586 et 624)? un commandement (*ib.* p.
571, et note 18)? Effet de la saisie par
rapport au débiteur (*v.* C. pr. 686 [*loi de
1841*]). Conditions requises pour pouvoir saisir (art. 551). Qu'entend-on par
choses liquides et certaines (B. S. p. 570,
note 15)? Quels tribunaux connaissent de
l'exécution des jugements (art. 553, 554)?
Comment donne-t-on à l'huissier mandat d'exécuter (art. 556)?

Tit. VII. Énumérez les saisies (B. S. p.
546, et notes 7 et 9). Qu'est-ce qu'une
saisie-arrêt (*ib.* p. 575; *v.* C. civ. 1242)?
D'où vient ce nom (*ib.* note 2)? En quoi
fait-elle exception aux principes sur les
saisies (*ib.* p. 569, note 12, et p. 572, note
18)? Que doit contenir l'exploit (559)?
Quid, s'il s'agit de deniers publics (561)?
De quoi l'huissier est-il tenu de justifier
(562)? et pourquoi (Boit. p. 346)? Énu-

mérez les actes qui composent la procédure de la saisie-arrêt (B. S. p. 579 et 583). Délai de l'assignation en validité (563). Pourquoi reçoit-il une double augmentation (Boit. p. 349)? Le tiers saisi peut-il payer jusqu'à la dénonciation de la demande en validité (B. S. p. 580, note 19)? A quelle déclaration est-il tenu (art. 575)? *Quid*, s'il refuse de la faire (art. 577)? Qu'en-tend-on par causes de la saisie (B. S. p. 582, note 26)? Qu'est-ce que la distribu-tion par contribution (*ib.* p. 614, texte et note 2)? Effet de la saisie, soit avant, soit après le jugement de validité (*ib.* p. 583)? Énumérez les choses insaisissables (art. 580, 581; B. S. p. 577, notes 7 et 8). N'y en a-t-il pas parmi elles qui peuvent être saisies dans certains cas (582), et pour-quoi (*ib.* notes 9 et 10, n° 1)?

Tit. xvi. Qu'est-ce qu'un référé (*ib.* p. 423)? Quand y a-t-il lieu à référé (art. 806)? Devant quel juge est-il porté, et dans quel lieu (807, 808)? Quel est l'ef-fet de l'ordonnance sur référé (Boit. p. 400)? Par quelles voies peut-on l'attaquer (art. 809 *comparé* avec 449)?

Partie ii. — Livre iii. Qu'est-ce qu'un arbitre (B. S. p. 40)? un compromis (*ib.*)? Sur quels objets peut-on compromettre

(art. 1004) ? Que doit désigner le compromis (1006)? Combien dure la mission des
arbitres (1007, 1008, 1012) ? Finit-elle
par la mort d'une des parties (1013) ?
En quoi le déport diffère-t-il du refus
(Boit. p. 436)? Les arbitres doivent-ils
appliquer les règles du droit et suivre les
formes de la procédure ordinaire (1019,
1009)? Quand doit-on produire les pièces
(1016)? Qui peut nommer le tiers-arbitre
(1017; v. 1020)? Quand et comment doit-
il juger (1018)? Motif de 1021 (Boit. p.
461). Quelles sont, parmi les voies pour
attaquer les jugements ordinaires, celles
qui s'appliquent (1023, 1026) ou non
aux jugements arbitraux (1016-5°; 1022,
1027, 1028 *in f.*)? En est-il de spéciales
pour ces jugements (1028)? Où sont portés l'appel et la requête civile (1023,
1026-2°)? Peine de l'appelant qui succombe (1025 *combiné* avec 471). Corriger
la rédaction de 1027-1º (B. S. p. 510,
note 21, nº 2).

Dispositions générales. Sens des mots *com-
minatoire* (B. S. p. 153, note 7), *frustra-
toire* (*ib.* p. 174, note 7, nº 1). Comment
se calculent les délais (art. 1033) ? Comment appelle-t-on le jour où commence et
celui où finit le délai (B. S. p. 159 et 161)?

Qu'est-ce qu'un délai franc (B. S. p. 159 et 164)? Qu'est-ce qu'une commission rogatoire (1035 ; C. com. 16)? A quelle heure peut-on notifier ou exécuter un acte (1037)? Sens du mot occuper (1038 ; B. S. p. 80, note 26).

CODE PÉNAL.

(2ᵉ EXAMEN : les deux 1ᵉʳˢ livres).

Sens des mots crime, délit, contravention, soit dans le Code pénal (art. 1), soit dans le langage ordinaire (*v.* M. Berriat Saint-Prix , *Cours de droit criminel*, 4ᵉ édit., p. 2 et 3 , texte et note 5). Quand la tentative d'infraction est-elle assimilée à l'infraction même (art. 2 et 3)? Peut-on donner un effet rétroactif aux lois pénales (art. 4 ; C. civ. 2 ; *mais v.* F. B. *Comment. sur la Charte*, p. 127 et 128 , note)? Le Code s'applique-t-il à toutes les infractions quels qu'en soient les auteurs (art. 5)? A quelle époque ont été promulguées les deux éditions différentes du Code pénal (B. S. p. 59, note 10 *a*, et p. 60, nᵒ ix)?

Livre i. Énumérez les peines criminelles

(art. 7 et 8), les peines correctionnelles (9), celles qui sont l'un et l'autre (11), et celles de simple police (464 à 466). Indiquez les peines supprimées depuis la première édition du Code (B. S. p. 59, n° 1 ; p. 61, *in f.*). La confiscation est-elle encore applicable depuis la Charte (C. pén. 11, Charte 57; *v. Commentaire*, p. 402, 403)?

Chap. I. Comment s'exécutait autrefois la peine de mort (B. S. p. 86, note 12 *a*, et 52, note 3 *a*)? En quoi consistent les travaux forcés (art. 15); la déportation (17); la détention (20); la réclusion (21); le bannissement (33), la dégradation civique (34)?

Quelle est la durée de ces peines (*ib.*)? et dans quels lieux se subissent-elles (*ib.* et B. S. p. 85, note 9)? Les femmes condamnées aux travaux forcés sont-elles dans la même position que celles condamnées à la réclusion (art. 16; *mais v.* 18 et 22-2°)? En quoi la détention diffère-t-elle de la réclusion (*comparez* 20 et 21)? Pourquoi l'a-t-on introduite dans le Code (Boitard, *Leçons sur le Code pénal*, p. 77)? En quoi sa durée est-elle modifiée (20-3°) dans le cas du banni qui rentre sur le territoire [33] (*ib.* p. 151)? — Cas où l'exposition publique est facultative (art. 22-2°); cas où elle doit être prononcée (art. 22-2° et 165); cas où elle ne peut l'être (22-5°). *Quid*, si l'arrêt qui prononce les travaux forcés ou la réclusion est muet sur l'exposition publique (Boit. p. 158)? — De quelles incapacités sont accompagnées les peines criminelles (art. 18, 28)? Qu'entend-on par droits politiques (Demante, t. i, n° 15)? Qu'ajoute l'interdiction (29) à la dégradation civique (Boit. p. 183, 184)?— Le bannissement est-il autre chose qu'une déportation temporaire (*comparez* 17-1° et 52-1°)? Quelle est la durée de la dégradation civique? (*v.* I. cr. 619)? Motif de 35-2° (Boit. p. 223).

Chap. ii. En quoi consiste l'emprisonnement (40, 41 ; *v.* 58 et 463-8°)? Impute-t-on sur sa durée la détention postérieure au jugement (24, *comparé* avec 23; B. S. p. 98, note 18)? Motif de 24-2° (Boit. p. 174).

Chap. iii. En quoi consiste le renvoi sous la surveillance de la police (44, 45 *comparés* avec l'ancien texte)? Quand a-t-il lieu de plein droit (47, 48), ou non (49), et pour combien de temps (47, 48)? Quelles condamnations accessoires peut entraîner un délit (55 *in f.*), et comment leur exécution est-elle garantie (52 à 55)?

Chap. iv. Sens ordinaire et légal du mot récidive (B. S. p. 90). Quadruple hypothèse qui peut se présenter en matière de récidive, en laissant de côté les contraventions (art. 56-1°, 57, 58; Boit. p. 259). Quelle aggravation de peine entraîne la récidive dans les trois hypothèses prévues par la loi (art. 56 à 58)? *Quid*, si un individu, condamné pour délit, commet un crime (Boit. p. 267)?

Livre ii. Signification légale du mot complice (B. S. p. 91). En quoi diffère-t-elle de la signification ordinaire (Boit. p. 271)? Faut-il appliquer absolument la même peine au complice qu'à l'auteur (59; *mais v.* Boit. p. 277)? Individus assimilés aux complices (61, 62; *mais v.* 65). Dans quel cas n'y a-t-il ni crime ni délit à commettre un fait puni, en général, comme tel par la loi (64)? Dans ce cas, la réponse du jury est-elle la même qu'en cas d'excuse (*v.* I. cr. 337 et 339)? Différence entre les excuses et les circonstances atténuantes (Boit. p. 357)? Modifications qu'apportent à la jurisdiction ou à la peine, soit la jeunesse de l'accusé (art. 66 à 69), soit son âge avancé (70 à 72).

CODE

D'INSTRUCTION CRIMINELLE.

Dispositions préliminaires. Quel est le but ,
soit de l'action publique, soit de l'action
civile (M. Berriat Saint-Prix , *Cours de droit
criminel*, p. 25 et 27) ? En quoi diffèrent-
elles, sous le point de vue : 1° des personnes qui peuvent les exercer (art. 1) ; 2°
des événements qui les éteignent (art. 2) ;
5° des juges devant lesquels elles doivent
être portées (art. 5)? Les tribunaux crimi-
nels peuvent-ils, dans tous les cas indistinc-

tement, connaître de l'action civile (B. S. p. 37 et 38)? Quel est le sens de l'axiome : le criminel tient le civil en état (*ib.* p. 39 ; *v.* C. civ. 328) ? Motif de l'art. 4 (*ib.* p. 36). Le ministère public peut-il , après avoir exercé l'action publique, empêcher , en se désistant, le tribunal d'y statuer (*ib.* p. 52) ? — Dans quels cas un crime commis en pays étranger peut-il être poursuivi en France (art. 5 à 7) ?

LIVRE II. *Tit.* i. *Chap.* 1. Quelles sont les diverses espêces de tribunaux en matière pénale (B. S. p. 72 à 80) ? De quelles infractions connaissent les tribunaux de simple police (art. 138) ? Pour reconnaître si une contravention est de la compétence exclusive du juge de paix, ne faut-il pas examiner dans quel lieu la contravention a été commise (139-1°) ; dans quel lieu le prévenu ou les témoins résident (139-2°) ; à combien montent les indemnités (139-3°); et quelle est la nature de l'infraction (139-4° à 7°) ? — Qui remplit les fonctions du ministère public près du tribunal de police (144 , 167) ? Délai de la citation (146), de l'opposition (151). Dans quel ordre se fait l'instruction (153) ? Peut-on combattre les procès-verbaux par la preuve contraire (154-2°)? Personnes qui ne peuvent être témoins (156). Que doit décider le tribunal, si le fait n'est pas puni par la loi (159), ou s'il est puni de peines plus graves que celles qu'il peut prononcer (160)? A qui, dans le premier cas, peut-il adjuger des dommages-intérêts (159, *v.* 212, *in f.*; Boitard, *Leçons sur le Code d'instr. crim.* p. 266, 267)? Que doit contenir le jugement de condamnation (art. 163)? Dans quel cas est-il susceptible d'appel (172)? Délai pour interjeter appel (174). Contre quels jugements peut-on se pourvoir en cassation (177)?

Chap. II. Les tribunaux correctionnels ne connaissent-ils pas de certaines contraventions (*v.* 139-4°), de certains crimes (C. pén. 68)? N'y a-t-il pas des délits dont ils ne peuvent connaître (F. B. *Comm. sur la Ch.* p. 459)? Par qui peuvent-ils être saisis (art. 182; *ajoutez* 230)? Peuvent-ils l'être par le juge de police (182; *mais v.* 160, Boit. p. 297)? — Le prévenu peut-il se faire représenter (art. 185)? Délai de l'opposition (187). L'augmentation à raison des distances cadre-t-elle avec celle qui est admise en police simple (*comparez* 151-1° et 187-1°)? Dans quel ordre se fait l'instruction (190)? Que doit décider le tribunal si le fait n'est pas puni par la loi (191); si c'est une contravention (192); si c'est un crime (193)? Qu'entend-on par mandats d'arrêt ou de dépôt (*Comm. sur la Ch.* p. 53, 54)? Qui est chargé du recouvrement des amendes et confiscations (197)? — A quel tribunal est porté l'appel (200, 201)? A qui appartient la faculté d'appeler (202)? Dans quel délai l'appel doit-il être interjeté (203, 205)? La mise en liberté du prévenu acquitté peut-elle être suspendue (206)?

Tit. ii. *Chap.* iv. Comment la cour d'assises peut-elle être saisie (B. S. p. 74, nº iij, et p. 77, note 25)? Où se tient-elle (*ib.* p. 160)? Comment est-elle composée (*ib.* texte, et note 14, nº 2)? — A quelles personnes s'adresse d'abord le président, en commençant l'examen (art. 311 à 314)? Faut-il notifier les noms des témoins (315; *mais v.* 269)? Déposent-ils simultanément (316, 317)? Que leur demande-t-on avant et après (317, 519)? A quelles déclarations précédentes fait allusion l'art. 318-1º (*v.* 74 et 76)? Les parties, les magistrats, les jurés, peuvent-ils interroger les témoins (319)? Personnes dont les dépositions ne peuvent être reçues (322). Personnes qui doivent être entendues à la suite des dépositions (335, 336). Quelles sont les différentes questions posées aux jurés (337 à 340)? A quelle majorité prononcent-ils

(*Comm. sur la Ch.* p. 598)? Composition du jury (*ib.* p. 595, 596).

Tit. VII. *Chap.* V. La prescription n'a-t-elle pas deux objets principaux, en matière pénale (*v.* 635, 636, 639, et, *d'autre part*, 637, 638 et 640)? Quels sont, dans les deux cas, les délais qu'elle exige (*ib.*), et les motifs sur lesquels elle est fondée (Boit. p. 492, 504)? L'action civile, portée devant un tribunal civil, se prescrit-elle par le même délai que l'action publique (C. civ. 2262; *mais v.* l. cr. 637, Boit. p. 499 à 506)? De quel moment se prescrit la peine (635-1°; *mais v.* Boit. p. 490)? Peut-il arriver qu'un *jugement* prononce une peine criminelle (399; *mais v.* 635-1°, Boit. p. 491)? De quel moment court la prescription des délits successifs (B. S. p. 105, note 4, n° 1), et des délits complexes (*ib.* n° 2)?

CODE

DE COMMERCE.

(4ᵉ EXAMEN.)

LIVRE I. *Tit*. I. Qu'est-ce que le commerce (M. Pardessus, *Cours de droit comm.*, n° 1)? Qu'est-ce qu'un commerçant (Delvincourt, *Institutes de droit comm.*, 2ᵉ édit., note 1)? A quoi bon rechercher si un individu est commerçant (M. Bravard, *Manuel de droit comm.*, 2ᵉ édit., p. 12)? Les mineurs et les femmes mariées peuvent-ils faire le commerce (art. 2 à 5)? La qualité de commerçant augmente-t-elle leur capacité (6 et 7 *comparés* avec C. civ. 217, 484)? Qu'est-ce que : engager un immeuble (6; *v.* Brav. p. 17)? A quelles personnes le commerce est-il interdit (*ib.* p. 21)?

18.

Tit. 11. Quels sont les livres obligatoires pour un commerçant (art. 8 et 9)? En quel sens sont-ils obligatoires (586-6°, 591)? Quels avantages le commerçant en retire-t-il (12; *v.* C. civ. 1329, 1330)? Formalités pour prévenir les altérations (10 et 12). Le livre de copies doit-il être paraphé et visé (10-2°; *mais v.* 11 et 8-2°)? Quelle différence y a-t-il entre la communication et la représentation des livres (Delv. p. 8, note 9 et 13)? Quand peut-on les ordonner (art. 14 et 15)?

Tit. 111. Quelles règles régissent les sociétés commerciales (art. 18; *mais v.* C. civ. 1134-1°)? Sont-elles des personnes morales (C. civ. 529-1°; C. pr. 69-6°; Demante, t. 111, n° 546, note)? Qu'en résulte-t-il (Pard. n°ˢ 975, 1089)? Quelles sont leurs diverses espèces (19, 47)? Qu'entend-on par raison sociale (Delv. p. 23)? L'associé gérant qui signe autrement que sous la raison sociale n'engage-t-il point la société (*ib.* note 5)? Qu'est-ce qu'un commanditaire (23, 26, 43-2°)? Différence entre l'action et l'intérêt (Brav. p. 50; Delv. *Dr. civil,* t. 1, p. 143, note 5)? Comment se transmettent les actions (art. 35, 36, *comparés* avec C. civ. 1690)? Quelle différence y a-t-il entre la société anonyme et la société en commandite dont le capital est divisé en actions (Delv. p. 27, note 7)? Formes des sociétés commerciales (39 à 44). Ont-elles besoin d'autorisation (37; F. B. *Comm. sur la Ch.* p. 111)? Mesures de publicité (42 à 45; *loi du 31 mars 1833*). Différence entre les associations en participation et les autres sociétés commerciales (Delv. p. 30, 31). — En quoi les arbitres dont il est ici question diffèrent-ils de ceux du Code de procédure (Delv. p. 32, note 3 et 4)? Suit-on les mêmes règles pour leur récusation, leur nomination, la manière de vider le partage, de rédiger les avis (Brav. p. 84, 85)? Peut-on appeler d'une sentence arbitrale rendue sur une valeur de moins de 1,000 fr. (*ib.* p. 87; *mais v.* Delv. p. 32, note 5)? Qu'est-ce qu'un associé liquidateur (Delv. p. 37)? Sa position diffère-t-elle de celle des autres (art. 64)?

Tit. IV. Dans quel cas le contrat de mariage doit-il être publié (67, 69 [*loi de 1838*])? Pourquoi le notaire est-il seul puni dans le cas où l'un des époux est commerçant au moment du mariage (Delv. p. 5, note 6)? Pourquoi ne l'est-il pas dans le cas inverse (Brav. p. 98)? Pourquoi l'obligation de publier n'est-elle pas imposée aux époux mariés en communauté (*ib.* p. 97, 98)?

Tit. v. Signification du mot bourse (art. 71 ; Delv. p. 38, note 2). Qu'est-ce que le courtage (Pardess. n° 40)? Dans quel cas est-on obligé d'avoir recours à un agent de change (art. 76)? Diverses sortes de courtiers (77). Peuvent-ils faire le commerce (85, 89)?

Tit. vi. En quoi le commissionnaire diffère-t-il du mandataire (Brav. p. 130)? Pour quelle créance et sur quels objets a-t-il un privilége (art. 93, 94)? Ce privilége se confond-il avec celui du gagiste (Delv. p. 53)? Qu'appelle-t-on *du croire* (Brav. p. 133)? — Qu'est-ce qu'un commissionnaire pour transports (Delv. p. 54)? Noms des diverses personnes qui figurent dans un transport de marchandises (*ib.* p. 55, note 1). Qu'est-ce que la lettre de voiture (*ib.* p. 55)? Obligations du commissionnaire (art. 96 à 99); du voiturier (103, 104). Par quel délai se prescrivent-elles (108)?

Tit. vii. Les règles générales sur la preuve sont-elles applicables en matière de commerce (*comparez* 109 et C. civ. 1325; *v. aussi* 1326-2°, 1341-2°)?

Tit. viii. *Sect.* i. § 1. N'y a-t-il pas deux espèces de change (Pardess. nᵒˢ 22, 23)? Comment s'exécute le change de place en place (*ib.* n° 24)? Que signifie cette phrase:

le change est au pair entre deux villes (Pardess. n° 26)? Comment concevoir qu'il faille donner, pour obtenir une lettre de change, une somme plus ou moins forte que le montant de la lettre (*ib.*)? Définitions du contrat et de la lettre de change (*ib.* n°ˢ 318, 330). N'entre-t-il pas plusieurs contrats dans le contrat de change (*ib.* n° 319)? En quoi diffère-t-il du prêt (Delv. p. 69, note 4)? Noms des parties qui figurent dans le contrat de change (Brav. p. 155), et des personnes qui peuvent y concourir (*ib.* p. 160). Quelle est la cause de l'obligation du tireur (art. 110-7°; Demante, t. II, n° 561)? Qu'entend-on par valeur fournie en compte ou en billet (Delv. p. 75; note 6 et 7)? Quelles personnes et quelles choses doit désigner la lettre de change (Brav. p. 165)? Pourquoi doit-elle être tirée d'un lieu sur un autre (Pardess. n° 332)? *Quid*, si en fait elle est payable dans le lieu d'où elle est tirée (Delv. p. 70, note 2)? Quand est-elle réputée simple promesse (art. 112, 113)? et qu'en résulte-t-il (Delv. p. 71, note 5)? *Quid*, si elle est signée par un mineur (art. 114)?

§§ 5 à 8. Diverses manières de fixer l'époque du payement (art. 129, 130). Sens du mot usance (132). *Quid*, si le jour de l'échéance est férié (134)? — Qu'est-ce qu'un effet à ordre (*v.* art. 543-1°, 110-8°, 187-5°)? Qu'est-ce que l'endossement (Delv. p. 80)? D'où vient ce mot (*ib.* note 1)? En quoi l'endossement déroge-t-il au droit commun (*v.* C. civ. 1690, 1694)? Quel est l'effet de l'endossement irrégulier (C. com. 138)? A qui appartient la lettre dans ce cas (Delv. p. 80, notes 8 et 10)? — Qu'est-ce que l'aval (*ib.* p. 82)? D'où vient ce mot (*ib.* note 1)? En quoi le donneur d'aval diffère-t-il d'une caution ordinaire (art. 142-2° *comparé* avec C. civ. 2021)?

§§ 2 à 4. Qu'est-ce que l'acceptation (Delv. p. 86)? Quel est son effet (art. 121)? Opère-t-elle novation (Brav. p. 158)? A quoi bon demander l'acceptation au lieu d'attendre l'échéance (Delv. p. 86)? Forme de l'acceptation (art. 122). *Quid*, si elle n'est pas datée (122-4°)? Peut-elle être partielle (124 *comparé* avec C. civ. 1244)? Le porteur peut-il libérer le tiré de l'obligation qu'il a contractée par son acceptation (Brav. p. 178)? Quelles sont les conséquences du refus d'accepter, à l'égard du tireur et des endosseurs (art. 120)? Comment est-il constaté (119)? Le tiré peut-il accepter par intervention (Delv. p. 93, note 8)? A quoi sert l'acceptation par intervention, puisqu'elle ne modifie pas les droits du porteur (Delv. p. 94, note 2) ? — Qu'est-ce que la provision (Bra v. p. 175) ?. Qui est tenu de la faire (art. 115) ? Si la lettre est tirée pour le compte d'un tiers, le tireur est-il obligé (115 *combiné* avec *loi du 19 mars* 1817) ? Quelle présomption l'acceptation produit-elle, quant à la provision (art. 117 ; *mais v.* 168, 170) ?

§§ 9 et 10. Motif de 149 (Delv. p. 95, note 1). Le payement peut-il être offert avant l'échéance (146 *comparé* avec C. civ. 1187)? Est-il valable sur un exemplaire quelconque de la lettre (art. 147, 148) ? Peut-on l'exiger en cas de perte (150 à 152)? Critique de 152, *in f.* (Brav. p. 190). Différence entre l'acte de protestation (153), et le protêt (*v.* 174-2°). Comment peut-on se procurer un nouvel exemplaire de la lettre (154)? — Qu'est-ce que le payement par intervention (Brav. p. 191) ? Quelles personnes libère-t-il (159)? Quel avantage le tiré peut-il avoir à payer par intervention (Delv. p. 99, note 2) ?

§§ 11 à 13. Quel est le droit du porteur au défaut de payement (art. 164)? A quelles conditions est subordonné ce droit (160-1°, 161, 162, 165-1°, et 168)? Dans le cas même où ces conditions ne sont pas remplies, le porteur est-il privé de

tout droit (170, 171)? Motif de 168-5°
(Delv. p. 104, note 4); de 171 (*ib.* note
8). — Qu'est-ce qu'un protêt (*ib.* p. 92)?
Que doit-il contenir (art.174)? Par qui,
et au domicile de qui doit-il être fait
(173)? — Qu'entend-on par rechange (Brav.
p. 228)? par retraite (art. 178)? par
compte de retour (Brav. *ib.*; art. 181)?
Motif de 182 et 183 (Delv. p. 107, note
2). De quoi se rembourse le porteur, par
la retraite (178, *comparé* avec C. civ.
1155-1°)? De quand courent les intérêts du
principal ou des frais (184, 185, *comparés*
avec C. civ. 1155-3°)? Comment se règle le
rechange, soit à l'égard du tireur (art.
179-1°), soit à l'égard des endosseurs
(Delv. p. 105; *mais v.* Brav. p. 230 à 239)?

Sect. ii. Qu'entend-on par billet à ordre,
à domicile, au porteur (Brav. p. 243)?
Différence entre le billet à ordre et le simple billet (Delv. p. 115). Quelles règles de
la lettre de change sont inapplicables au
billet à ordre (Sect. 1, §§ 2 à 4)? — Par
quel laps de temps se prescrivent les actions relatives aux lettres de change ou billets à ordre (art 189-1°)? *Quid*, s'il y a
eu condamnation ou reconnaissance séparée (C. civ. 2262)?

Livre ii. A quels principes généraux la

loi déroge-t-elle relativement aux navires (art. 196 , C. civ. 2120 ; Brav. p. 269) ? Différence entre le propriétaire et l'armateur (*ib.* p. 291). En quoi la co-propriété d'un navire diffère-t-elle d'une communauté ordinaire (Delv. p. 121, notes 2 et 5) ? Sens des mots capitaine, maître, patron (*ib.* p. 136 , note 1). Qu'est-ce que l'acte de francisation d'un navire (*ib.* p. 140 , note 5) ? Les matelots peuvent-ils réclamer leurs loyers en cas de naufrage ou de prise du navire (art. 258) ? Motif de 258 (Delv. p. 159 , note 6). Sens des mots charte-partie, affrétement, nolissement, fret, nolis, fréteur, affréteur (*ib.* p. 177 ; art. 273, 286), connaissement (art. 222).

Tit. ix. Quel est le vrai nom du contrat à la grosse (C. civ. 1964-4°) ? En quoi diffère-t-il du prêt ordinaire (Delv. p. 193 ; art. 325) ? Qu'entend-on par profit maritime (*ib.* p. 199) ? Quelle garantie a le prêteur pour son remboursement (art. 320) ? Peut-on prêter à la grosse sur toute espèce d'objets (318, 319) ? Motif de 318 et 319 (Delv. p. 196 , notes 6 et 8). *Quid*, si la somme empruntée excède la valeur des objets (art. 316 , 317) ? *Quid*, s'il y a concurrence entre plusieurs emprunteurs (Delv. p. 203, note 6) ? Comment comprendre qu'il

puisse y avoir (331) prêt à la grosse et assurance sur le même chargement (347-5°;
mais v. Delv. p. 204, note 4) ? De quel
moment court le temps des risques (528)?
Forme du contrat à la grosse (art. 511).
A quelle condition est subordonné le privilége du prêteur (312)?

    Tit. x. Qu'est-ce que le contrat d'assurance
(Delv. p. 205) ? Comment se nomment les
parties, la somme promise, l'acte qui
constate les conventions (*ib.*)? N'y a-t-il
pas affinité entre l'assurance et le prêt à la
grosse (*ib.* note 1)? Quelles personnes et
quelles choses doit indiquer la police d'assurance (art. 332)? A quoi bon énoncer
si elle est faite avant ou après midi (*v.* 359
et 366)? Pourquoi désigner le navire et le
capitaine (Delv. p. 223, note 1 et 2 ; *v.* art.
337) ? Quelles choses peut-on assurer (334,
in f.) ou non (347), et pourquoi (Delv.
p. 209 et 213)? *Quid,* pour les sommes
qui sont l'objet d'un contrat à la grosse
(334-6° *combiné* avec 347-5°)? Qu'appelle-
t-on assurance à prime liée (*ib.* p. 209,
note 1)? Dans quel but l'assureur peut-il
faire réassurer par d'autres (*ib.* note 5)?
Comment faire pour que l'assuré, en cas
de sinistre, n'ait aucune prime à payer (*ib.*
note 6 , *in f.*) ? *Quid,* si l'assureur ou l'as-

suré tombe en faillite (art. 346)? — Quels risques sont à la charge de l'assureur (350 à 355)? Sens des mots fortune de mer (Delv. p. 218, note 11), ristourne (*ib.* p. 210, note 6). Qu'entend-on par deux tiers proportionnels, dans l'art. 356 (*ib.* p. 215, note 8)? *Quid*, si l'assurance excède la valeur des objets (art. 357, 358)? *Quid*, s'il y a plusieurs assurances (359)? *Quid*, si les parties ont pu connaître, avant l'assurance, la perte ou l'arrivée des objets (365 à 368)? — En cas de perte, quel parti peut prendre l'assuré (art. 369, 409)? Qu'est-ce que le délaissement (Delv. p. 228)? Dans quels cas peut-il être fait (art. 369)? Pourquoi est-il limité aux cas indiqués (Delv. p. 229, texte, et note 10)? *Quid*, si on n'a pas reçu de nouvelles du vaisseau (art. 373 à 377 ; Delv. p. 232)? Qu'entend-on par composition (*ib.* p. 231)? *Quid*, en cas de prise, si l'assuré a racheté (art. 395, 396)? Le délaissement peut-il être partiel ou conditionnel (372)?

Le mot avarie est-il synonyme de dommage (397)? Quelles sont les avaries grosses (400 *in f.*), et les avaries simples (403 *in f.*)? D'où viennent ces dénominations (Brav. p. 434)? A combien doit monter l'avarie pour motiver une demande (408)?

— Le jet est-il une aliénation (Brav. p. 440)? Qui décide s'il doit avoir lieu (art. 410-2°), et pourquoi (Dèlv. p. 166, note 1)? Qui supporte la perte des objets jetés (art. 417)? Y a-t-il lieu à contribution, si le navire vient à se perdre (423, 424)?
— Le capitaine peut-il prescrire le navire (430)?

LIVRE III. Qu'est-ce que la faillite (Brav. p. 497)? Suppose-t-elle que le passif excède l'actif (ib.)? Qu'est-ce que la déconfiture (Pardess. n° 1521)? En quoi diffère-t-elle de la faillite (n°s 1522, 1523) ? Peut-on déclarer la faillite d'un individu après sa mort (art. 457 [loi de 1838])?
— A qui appartient-il de déclarer la faillite (440)? Double sens de cette expression (Brav. p. 499, note). A quoi est obligé le commerçant qui cesse ses payements (458, 439; v. 586-4°)? Qu'est-ce que le bilan (439)? A quelle époque est réputée avoir eu lieu la cessation de payements (441)? En quoi le jugement déclaratif modifie-t-il les droits du failli (443)? Ce dernier est-il en état d'interdiction (Brav. p. 505)? Motif de 444-1° (ib. p. 513)? Quid, à l'égard des effets de commerce, si l'un des obligés fait faillite (art. 444-2°, comparé avec l'ancien art. 448; Br. p. 515)?

Quel est l'effet du jugement à l'égard des intérêts (art. 445)? Comment se calcule le délai qui influe sur la validité des actes antérieurs à la faillite (446-1° *combiné* avec 441)? Actes nuls de droit comme faits dans ce délai (446); actes annulables sous certaines conditions (447, 448 *comparé* avec C. civ. 2146-1°). En quoi l'influence de la faillite sur les actes qui précèdent, s'écarte-t-elle du droit commun (446-1°, 447 *in f.*, *comparés* avec C. civ. 1167)? Qui astreint-on à rapporter le payement d'un effet de commerce (449)? Pourquoi n'y astreint-on pas le porteur (Brav. p. 512)?

Qui est chargé de surveiller les opérations de la faillite (art. 451, 452)? Mesures conservatoires à l'égard des biens et de la personne du failli (455-1°, 456-1°). A qui est confiée l'administration de la faillite (462; *v.* Brav. p. 528)? Quelles sont les fonctions des syndics (art. 468, 470, 471, 476, 479, 487, 490)? Dans quel but vérifie-t-on les créances (*v.* 507-2°, 595-2°)?

Qu'est-ce qu'un concordat (507-1°)? Quel est son résultat le plus ordinaire (Pardess. n°ˢ 1246, 1247)? En quoi sa formation déroge-t-elle aux principes généraux (507-2° et 516, *comparés* avec C. civ. 1165)? Motifs de 508 (Brav. p. 551) , de 509 (*ib.* p. 552). Cas où le concordat ne peut être formé (art. 510). A quelle formalité est-il subordonné (513) ? Son effet quant à la faillite (519) ? Pour quelles causes peut-on le faire annuler (518, 520 ; *v.* C. civ. 1116) ? Effet de l'annulation à l'égard des droits des créanciers (526 ; Br. p. 563), et de l'administration de la faillite (522 à 524). Motif de 527 (Br. p. 565). Quel est le pouvoir des syndics., au défaut de concordat (art. 532-1°, 534 ; 443-2° et 3°)? Peuvent-ils continuer l'exploitation de l'actif (532-2° et 3°)? Le failli peut-il faire cession de biens (541 *comparé* avec l'ancien art. 568) ? s'affranchir de la contrainte par corps (539-2°) ?

Droit du créancier de débiteurs solidaires tombés en faillite (542)? Systèmes de Savary et de Pothier sur ce point (Delv. p. 279, note 2). *Quid*, si la réunion des dividendes attribués au créancier excèdent le montant de sa créance (art. 543)? *Quid*, si le créancier a reçu un à-compte de la caution (544 ; *v.* C. civ. 1252)? Droit du gagiste (546, 548). N'applique-t-on, en cas de faillite, que les priviléges ordinaires (549)? Les applique-t-on tous (550)? Lorsqu'on distribue le prix des meubles avant celui des immeubles, le résultat est-il le même que dans l'hypothèse inverse (Delv. p. 282; *v.* art. 554, 555)? La femme du failli peut-elle reprendre les immeubles achetés en son nom (558, 559)? reprendre ses propres mobiliers (560)? répéter ce qu'elle a payé pour son mari (562) ? réclamer les avantages portés au contrat (564)? Sur quels immeubles frappe son hypothèque légale, et pour quelles créances (565)?

Triple cas où l'on peut revendiquer en matière de faillite (574 à 576). Le vendeur le peut-il (550; *mais v.* 576 *comparé* avec C. civ. 2102-4°)? Droit des syndics à cet égard (578, 579). — Différence entre la faillite et la banqueroute (*v.* anc. art. 438 ; Brav. p. 605); entre la banqueroute simple et frauduleuse (C. pén. 402, 404)? Qu'est-ce que la réhabilitation (Delv. p. 501)? A quoi sert-elle (art. 83, 615; F. B. *Comm. sur la Ch.* p. 317)? A quelle condition est-elle subordonnée (604)?

Livre iv. Qui nomme les juges de commerce (F.B. *Comm. sur la Ch.* p. 570, 571)? Parmi quelles personnes (*ib.* p. 571)? Peuvent-ils être réélus (622, 623 [*loi du 3 mars* 1840])? Jusqu'à quelle somme jugent-ils en dernier ressort (639 [*loi du 3 mars* 1840]) ? Devant qui peut-on appeler de leurs jugements (648) ? Peut-on en faire arrêter l'exécution (647 *comparé* avec C. pr. 459)? Dans quel délai peut-on y former opposition (643 *comparé* avec C. pr. 456) ? Quelles règles suit-on devant les tribunaux civils jugeant en matière commerciale (641 ; *v.* 640 et 627 [*loi de* 1840] ? Différence entre les agréés et les avoués (*Comm. sur la Ch.* p. 373) ?

De quelles contestations connaissent les tribunaux de commerce (631 ; *ajoutez* 634, 635 [*loi de* 1838]) ? Connaissent-ils de tout engagement entre commerçants (631-1°; *mais v.* Brav. p. 766)? Motif de 634 (*ib.*). Quels actes sont réputés commerciaux par la loi (632, 633, 638)? *Quid*, si celui qui achète pour revendre ne revend pas effectivement (Pardess. n° 12)? Un peintre fait-il acte de commerce en achetant une toile et des couleurs pour faire un tableau qu'il veut vendre (*ib.* nᵒˢ 13 à 15)? Un achat d'immeubles pour les revendre est-il un acte de commerce (Bray. p. 759)? Qu'entend-on par entreprise de manufactures (*ib.* p. 762)? Le tribunal de commerce connaît-il des billets à ordre (636, 637)?

De quoi connaissent les prud'hommes (*Comm. sur la Ch.*, p. 374)? Par qui sont-ils nommés (*ib.*)? Quand est-on forcé de se faire juger par des arbitres (*ib.*)?

DROIT ADMINISTRATIF.

———

(4e EXAMEN.)

Qu'est-ce que le droit public (*v. Institutes,* lit. 1 , . § 4) ? Qu'est-ce que le droit administratif (M. Foucart, *Éléments de droit administr.*, t. II. p. 1) ? Double sens du mot gouvernement (F. Berriat, *Comment. sur la Charte*, p. 90). En combien de branches décompose-t-on l'autorité publique (*ib.*) ? — A qui appartient le pouvoir législatif (*ib.* p. 113)? Les lois proprement dites sont-elles les seuls actes obligatoires pour les citoyens (*ib.* p. 107 , 110, 114)? Ne faut-il pas y joindre les actes des gouvèrnements antérieurs (F. B., *Comm. sur la Ch.* p. 409 à 415) ? — A qui appartient le pouvoir exécutif (*ib*. p. 98) ? Le roi ne peut-il pas, à lui seul, établir certaines règles obligatoires (*ib*. p. 103 à 111) ? Peut-il, par un traité, modifier une loi, établir un impôt, aliéner une portion du territoire, appeler des troupes étrangères (*ib*. p. 103, 104, 112) ? Peut-il, par une ordonnance, modifier une loi (*ib*. p. 109, 110) ? Est-il responsable de ses actes (*ib*. p. 94, 95) ? *Quid*, si une ordonnance du roi n'est pas contre-signée par un ministre (*ib*. p. 95) ? — Peut-on poursuivre les administrateurs pour des faits relatifs à leurs fonctions (*ib*. p. 461) ?

Organisation administrative. Comment le territoire français est-il subdivisé (Fouc. t. i, n° 94) ? Quels sont les principaux ministères (*Comm. sur la Ch.* p. 526) ? Quels sont les fonctionnaires administratifs préposés aux diverses subdivisions du territoire (Fouc. n°s 106 à 108) ? Circonscription militaire (*ib*. n° 110). Quelles sont les administrations secondaires (*ib*. n° 114) ? Qu'est-ce que l'Université (*Comm. sur la Ch.* p. 471) ? Établissements qui en dépendent (Fouc. n° 113). — Juges administratifs (n° 147 ; t. iii, n°s 379 à 382, 393, 418).

Règles administratives concernant l'exercice

des droits. — *Liberté individuelle.* — Qu'entend-on par état de guerre et état de siége
(*ib.* t. I, n° 225)? — Passe-port (n° 254).
Conséquences du défaut de passe-port (n°
256). Passe-port d'indigents (n° 257). —
Livret (n° 241). Son double objet (*ib.*).
Quid, si le maître refuse d le rendre (*ib.*)?
Quid, si l'ouvrier se retire étant débiteur
(*ib.*)? — Libre pratique ; patentes brutes,
suspectes ou nettes ; lazarets (n°s 242, 245,
246). — Obligation des départements relativement aux aliénés (t. III, n° 457). Son motif (n° 456). Qui peut ordonner le placement d'un aliéné (n° 470)? et sa sortie
(n° 471)? Surveillance des établissements
(n° 462). Influence du placement sur les
actes de l'aliéné (Demante, t. 1, n° 510 *bis*).
— Double destination des maisons centrales
de détention (B. S. *Cours de dr. crim.* p. 84,
note 6 c, et note 9). Comment distribue-t-on
le produit du travail des détenus (*ib.* note
7, n° 2)?

Liberté d'industrie commerciale ou agricole.
Énumérez les diverses professions dont
l'exercice est surbordonné à certaines conditions (Fouc. t. I ; n°s 262 à 271) ; les offices
vénaux (n°s 272 à 282) ; les marchandises dont le prix est taxé (n° 504). Obligations des boulangers (De Gér. art. 5910 et

suiv.), des bouchers (*ib*. art. 5952). — Classification des établissements insalubres (Fouc. nᵒ 284); enquêtes *de commodo et incommodo* (nᵒ 285). — Assemblées créées dans l'intérêt du commerce et de l'industrie (nᵒˢ 508 à 515). — Peut-on se servir d'une monnaie quelconque (nᵒˢ 519, 520); de poids et mesures quelconques (nᵒ 526; *supplém.* p. 6)? Diverses espèces de banques (M. de Gérando, *Inst. de dr. admin*. nᵒˢ dcclxxiij et suiv.). Privilége de la banque de France (*ib*. art. 5721 et s. ; *v*. loi du 50 juin 1840). — Sens du mot titre appliqué aux matières d'or et d'argent (Fouc. nᵒ 296)? Comment le titre est-il garanti (*ib*.)? — Droit de vaine pâture (Delv. t. I, p. 165, note 5). Peut-on chasser sur le terrain d'autrui (De Gér. art. 4508), et sur le sien en tout temps (*ib*.)? Port d'armes (*ib*. nᵒ dccclxxxvj). Mesure pour prévenir les épizooties (art. 4555 et suiv.). Échenillage (*ib*. art. 4528). Ban de vendanges (*ib*. art. 4548). Le grapillage est-il permis (*ib*. art. 4550)? — Peut-on employer les enfants dans les manufactures (Fouc. *supplém*. p. 1 à 6)?

Liberté de penser. Mesures préventives concernant la presse périodique (*Commentaire sur la Charte*, p. 75). — La liberté d'enseigner est-elle illimitée (*ib*. p. 471, 472)?

— Quels sont les cultes dont les ministres
sont salariés par l'État (*Comm. sur la Ch.* p.
63, 64) ? Par qui sont nommés les ministres
du culte catholique (Fouc. n° 365) ? Quel
est l'effet de l'appel comme d'abus (n° 384)?
A qui est-il porté (n° 385)? Dans quels cas
(n°s 376 *et suiv.*) ?

Propriété. La propriété littéraire est-elle
transmissible indéfiniment, par voie de succession ou de cession entre vifs (n°s 392, 394)?
S'applique-t-elle aux ouvrages posthumes
(n° 395)? Quel droit en résulte-t-il envers les
contrefacteurs (n° 397)? A quelle condition
est-il subordonné (n° 396)? Droit particulier des auteurs dramatiques (n° 400). —
Comment se constate la propriété d'un pro-
cédé industriel (n° 402) ? Conditions pour
obtenir un brevet (n°s 403 à 405). Diverses
espèces de brevet (n°s 406, 408). Le gouvernement décide-t-il de la priorité de l'in-
vention (n° 411)? Quels sont les droits du
breveté (n° 412)? Comment se cèdent-ils
(n° 413) ? Durée du brevet (n° 416). Comment se constate l'origine d'un produit industriel (n° 422)? Quel droit le fabricant a-
t-il à cet égard, et à quelle condition (*ib.*
et 423)?

Expropriation pour utilité publique. A
quelles conditions est-elle subordonnée par

la Charte (*Comment. sur la Charte* p. 80) ? Comment se constate l'utilité publique (*ib.*)? *Quid*, si l'État n'a besoin que d'une portion d'un immeuble (*ib.* p. 82) ? Composition du jury chargé de régler l'indemnité (*ib.*). Quand doit-elle être acquittée (*ib.* p. 81 ; Fouc. *supplém.* p. 24)? A la charge de qui restent les frais (*ib.* n° 564)? Quel est l'effet du jugement d'expropriation à l'égard de ceux qui ont des démembrements de la propriété, des créanciers hypothécaires, et des tiers qui agissent en revendication ou en résolution (*ib.* n°s 550 à 552 ; *supplém.* p. 14)? Par qui sont désignés les biens à exproprier (*ib.* n° 541)? Quel privilége est accordé à l'exproprié, lorsque les terrains acquis ne reçoivent pas leur destination (n° 567)? — Cas d'urgence (n° 570). Cas d'occupation temporaire (n° 575). — Mines, minières, carrières (n°s 580, 587, 590). Faut-il une autorisation, soit pour ouvrir une mine (n° 582), soit pour en transmettre la propriété (n° 583)? Droits du propriétaire de la surface, en cas de concession à un tiers (n° 584). Droits de l'inventeur (n° 581), et du bailleur de fonds pour la recherche de la mine (n° 583 *in f.*).

Droits politiques. — Naturalisation. Conditions imposées à l'étranger qui veut se faire naturaliser français (Fouc. n° 155 *bis*)? Cas exceptionnels (n° 156). Différence entre les lettres de naturalisation et celles de naturalité (n° 160). Grande naturalisation (*Comm. sur la Ch.* p. 88, note).

Noms. Peut-on prendre le nom qu'on veut (De Gér. art. 1817)? Formes à suivre pour en changer (*ib.* art. 1815, 1816)?

Élection des députés. Conditions requises pour être éligible à la Chambre des députés (*Comment. sur la Charte*, p. 226, 231 et 255)? Fonctions incompatibles avec la députation (*ib.* p. 255). Qu'entend-on par vérification des pouvoirs (*ib.* p. 232)? Conditions requises pour être électeur (*ib.* p. 240, 241)? Quelles contributions comptent pour le cens électoral (*ib.* p. 242, 243)? Cas où l'impôt profite au contribuable qui ne l'acquitte pas en réalité (*ib.* p. 243). Où est le domicile politique (*ib.* p. 256)? But des listes électorales (*ib.* p. 244). Qui statue sur les réclamations? Qui a droit de réclamer? Peut-on rayer un individu inscrit (*ib.*)? Avant quelle époque faut-il réclamer son inscription (*ib.* p. 245)? Ne résulte-t-il pas, des listes électorales, que certains électeurs ne peuvent pas voter, tandis que des individus qui ne sont plus électeurs peuvent voter (*Comm. sur la Ch.* p. 245)? *Minimum* des électeurs (*ib.*). A qui appartient la présidence provisoire et définitive des colléges électoraux (*ib.* p. 246 et 251)? Les électeurs peuvent-ils délibérer (*ib.* p. 219)? Manière de voter (*ib.* p. 250, 251). Condition préalable (p. 252). Comment dépouille-t-on le scrutin (*ib.* p. 253)? Quel est le nombre de voix nécessaire (*ib.*)?

Élections départementales et municipales. Conditions pour pouvoir élire les membres des conseils généraux de département, et pour y être éligible (*ib.* p. 469). Mêmes questions pour les conseils d'arrondissement (*ib.*), et les conseils municipaux (*ib.* p.468).

Obligation de concourir à la sûreté de l'État. — *Service militaire.* En quoi le recrutement diffère-t-il de la conscription (*ib.* p. 84, 85)? Comment se fixe le contingent de l'armée (*ib.* p. 463, 464)? Durée du service (*ib.* p. 85). Sur qui en pèse l'obligation (*ib.*)? Causes de dispense (*ib.* p. 86). En quoi la dispense diffère-t-elle de l'exemption (Fouc. n° 487)? Fonctions du conseil de révision (*ib.* n° 492)? Différence entre la substitution de numéro et le remplacement (n° 501). — Effet de l'inscription maritime (n° 507). A qui s'applique-t-elle (n° 506)?

Service de la garde nationale. Qu'est-ce que la garde nationale (*Comment. sur la Charte,* p. 464) ? Peut-elle être dissoute (*ib.*)? Personnes assujetties au service (*ib.*). Qu'est-ce que le contrôle de réserve (*ib.* p. 465) ? Conseil de recensement, jury de révision (*ib.*). Le remplacement est-il permis (*ib.*) ? Qui nomme les officiers (*ib.*) ? Différence entre le service de détachements et le service des corps détachés (Fouc. n° 522 et 525) ?

Fortune publique. — I. *Domaine national.* Distinction entre le domaine public et le domaine de l'État (Fouc. t. II, n° 1). Sens spécial des mots propriétés nationales (*Comm. sur la Ch.* p. 78). Qu'entend-on par domaines engagés (Fouc. n° 3)? par domaine extraordinaire (n° 4)? — Qui administre les biens de l'État (n° 15) ? Comment peuvent-ils être aliénés (n° 18)? Contre qui sont dirigées les actions relatives aux biens de l'État (C. proc. 69-1°)?

Liste civile. Sens primitif et actuel de cette expression (*Comment. sur la Ch.* p. 153). En quoi la loi qui la détermine déroge-t-elle aux principes généraux (*ib.* p. 154)? A qui appartient la propriété des biens qui composent la liste civile actuelle (*ib.* p. 158)? Sont-ils soumis à l'impôt (*ib.* p. 45)?

Qu'est-ce que le domaine privé (*Comm. sur la Ch.* p. 159)? Le roi est-il soumis aux règles sur la quotité disponible (*ib.*)? à l'adage : nul ne plaide par procureur (*ib.* p. 556 et 156, note 1)?

Domaine militaire. Qu'entend-on par cette expression (Fouc. n° 4)? par rue du rempart (n° 42)? par rayon de défense (n° 44)? Servitudes qui frappent les biens situés dans ce rayon (n° 47).

Forêts. Motifs qui nécessitent des règles spéciales pour les forêts (n° 53). Bois soumis au régime forestier (n° 54). Comment vend-on les coupes (n° 58 ; *supplém.* p. 31)? Diverses espèces de droits d'usage (n° 61). Cantonnement (*ib.*). Les voisins d'une forêt peuvent-ils demander le bornage (n° 62)? Distance à observer pour les constructions et pour certains établissements (n°s 63 à 65). Prohibition d'élaguer (n° 66) ; de défricher (n° 69). Droit de martelage (n° 67).

II. *Contributions*. Qu'est-ce que l'impôt (*Comm. sur la Ch.* p. 288)? Différence entre les contributions directes et les contributions indirectes (*ib.* p. 308); entre l'impôt de répartition et l'impôt de quotité (Fouc. n° 73).

Contributions directes. Sur quelle portion

de revenu doit être prise la contribution foncière (Fouc. nº 75)? Biens exemptés (nº 76). Cadastre (nº 77). — La contribution personnelle et mobilière est-elle un impôt de quotité ou de répartition (nº 87)? Répartiteurs (nº 88). — Ouvertures sujettes à impôt (nº 93). — Patentes (nº 95). — Demandes en décharge, réduction , remise ou modération (nº 105). Contrainte, garnison collective ou individuelle (nº 111, et note 1).

Contributions indirectes. A l'occasion de quelles circonstances se perçoivent les droits sur les boissons (nº 118)? Congé, passavant , laissez-passer, acquit à caution (nº 125). Passe-debout (nº 128). Entrepôt (nº 129). Débitants (nº 130). Exercice (nº 132). Abonnement (nº 135 à 137). Énumération des divers objets sur lesquels sont établies les autres contributions indirectes (nºˢ 144 et suiv. ; *supplém.* p. 32).

Douanes. Rayon frontière (nºˢ 468 , 469). Primes à l'exportation (nº 174). Cabotage (nº 175). Entrepôts (nº 176). Transit (nº 477). Emprunt de territoire (nº 478). — Enregistrement. Actes qui y sont assujettis nº 184). Droits fixes et proportionnels (nº 185). Obligations des officiers ministériels quant à l'enregistrement (Fouc. n° 186). — Origine du timbre (n° 193). Timbre extraordinaire (n° 195). Timbre de dimension (n° 196). — Postes. Comment le monopole en est-il assuré à l'État (n° 200)? Franchise et contre-seing (n° 205). Lettres chargées (n° 206). Prescription pour l'argent versé (n° 207). Privilége des maîtres de postes (n° 209).

III. *Engagements de l'État.* — *Emprunts.* Sous quelle forme l'État contracte-t-il des emprunts (*Comm. sur la Ch.*, p. 421)? Qu'entend-on par tiers consolidé (*ib.* p. 425)? par grand livre (*ib.*)? par dette viagère, dette flottante (*ib.*)? Divers taux des rentes sur l'État (*ib.* p. 422 et 423). Comment se cédent-elles (*ib.* p. 424)? Priviléges dont elles jouissent (*ib.* p. 425). Comment l'État peut-il se libérer en tout ou partie (*ib.* p. 426, 429)? Peut-il forcer les rentiers à recevoir leur remboursement (*ib.* p. 426)? Qu'est-ce que l'amortissement (*ib.* p. 426 à 428)?

Dépôts. Double espèce de dépôt dans les caisses publiques (De Gér. n° mccclvj). Fonctionnaires astreints à cautionnement (*ib.* art. 6689). Droit des bailleurs de fonds (*ib.* art. 6695). Condition pour obtenir le remboursement (*ib.* art. 6706).

Créances. Quadruple privilége du trésor public (De Gér. n° mccclxx). Mode d'exécution (*ib.* n° 6804). Quï exerce les actions (*ib.* art. 6808) ?

Travaux publics. Comment l'État passe-t-il un marché avec les entrepreneurs (Fouc. nᵒˢ 228, 229) ? Diverses espèces de travaux publics (nᵒˢ 242, 259, 262, 271). Organisation du corps des Ponts-et-Chaussées nᵒˢ 242, 245). Concessions et péages (n° 256). — Conseil des bâtiments civils (n° 259) ? — *Quid*, si une entreprise est résiliée par le fait de l'entrepreneur (n° 282) ? Privilége de ce dernier relativement aux sommes qui lui sont dues (n° 292).

Comptabilité générale. Qu'entend-on par budget (*Comm. sur la Ch.* p. 290) ? par douzièmes provisoires (*ib.*) ? Pour combien de temps peuvent être votés les impôts (*ib.* p. 305) ? Comment est divisé le budget des dépenses (*ib.* 295) ? Qu'est-ce qu'un crédit *ib.* p. 301) ? Le ministre peut-il en modifier la destination (*ib.* p. 301, 302) ? Crédits supplémentaires et extraordinaires (*ib.* p. 302). Comment sont-ils ordonnés (*ib.* p. 302, 303) ? Qu'est-ce que le budget définitif (p. 303, 304) ? Vérification des pièces justificatives (*ib.* p. 304). Compte général des finances (*ib.* p. 304, 305).

Police administrative. Qu'est-ce que la police (De Gér. n° dcvj)? Ses divers objets *(ib.* n° dcx). I *Voirie.* Sens de ce mot (Fouc. p. 296). Grande et petite voirie (*ib.*). Diverses espèces de routes (n°s 337, 338, 341). Droits des riverains (n° 344). A la charge de qui est le curage des fossés (n° 349)? A qui appartiennent les arbres plantés sur le sol de la route (n° 356)? Servitudes auxquelles sont assujettis les riverains (n°s 360, 361, 369, 370). Leur obligation relativement aux arbres (n°s 376, 378). *Quid*, si la route traverse une forêt (n° 380)? A quoi est tenu celui qui veut construire sur le bord d'une grande route (n° 382)? *Quid,* s'il veut reconstruire un bâtiment tombé de vétusté (n° 386)? Peut-il réparer un bâtiment existant (n° 387)? Droit de l'administration à l'égard des bâtiments menaçant ruine (n°s 392, 394). Barrières de dégel (n° 398). Qui connaît des contraventions en matière de grande voirie (n° 405)?

Chemins vicinaux. Étymologie (n° 416). Qu'entend-on par chemins vicinaux de grande communication (n° 417)? par chemins communaux (n° 418)? Caractère des chemins privés (n° 421). Servitudes résultant du voisinage d'un chemin vicinal (n° 424). Comment se fixe l'indemnité due en

cas de fixation de la largeur d'un chemin existant (Fouc. n° 420), d'ouverture d'un chemin
nouveau (n° 421), d'extraction de matériaux
(n° 424) ? Déclassement (n° 427). Cas où
les particuliers doivent concourir aux réparations (n° 429). En quoi les prestations
en nature diffèrent-elles de la corvée (n°
430) ? Leur conversion en argent (n° 432).
Agents voyers (n° 444). Voirie urbaine (n°
449). A qui appartiennent les rues et les
places (n° 450) ?

II. *Eaux*. Sous quels rapports le droit
administratif a-t-il à s'en occuper (n° 456)?
A qui appartiennent les rivages de la mer
(n° 459) ? Dunes (n° 463). Qui charge-t-
on de dessécher un marais (n° 468) ? Droit
du concessionnaire (n° 469). Garantie de ce
droit (n° 470). Moyen de se libérer envers
lui (*ib.*). A qui appartiennent les cours
d'eau non flottables (n°ˢ 476 à 478) ? Diverses espèces de canaux (n° 480). Police
des rivières (n°ˢ 491, 492). Servitude résultant du flottage à bûches perdues (n° 494).
Marchepied et chemin de halage (n° 495).
Servitude qui en résulte (n° 502). Ports
(n° 505). Établissements d'usines sur les
cours d'eau (n°ˢ 513, 515). Construction
de barrages et digues (n° 526). Curage
(n° 528). Grande et petite pêche (n° 531).

Pêche au profit de l'État (Fouc. nº 535). Mesures pour empêcher l'excessive destruction du poisson (nºs 541 à 544). Pêche à la ligne (nº 546). — Droit de navigation (nº 550). Droit de bac (nº 556). Péage des ponts (nº 565). Exemptions (nº 564).

Administration départementale. Peut-on considérer comme personnes morales les départements et les arrondissements (nºs 580 à 582)? Fonctions des conseils généraux et d'arrondissement (nºs 584 à 590). Comment les préfets et sous-préfets sont-ils remplacés en cas d'absence (nº 597)? Attributions des préfets (nº 599). Qu'entend-on par procurer l'action (nº 603)? par : prononcer en conseil de préfecture (nº 605)? Arrêtés (nº 606). — Centimes additionnels (nº 616). Fonds communs (nº 617). Centimes facultatifs (nº 619). Distinction des dépenses ordinaires et facultatives (nºs 627, 628).

Administration communale. Qu'entend-on par commune (Fouc. t. III, nºs 22, 23)? par sections de commune (nº 26)? Agents administratifs (nº 39). Combien faut-il de membres présents pour que le conseil municipal puisse délibérer (nº 41)? *Quid,* s'il excède ses pouvoirs (nº 43)? Quand a-

t-il ou non besoin de l'approbation supé-
rieure (Fouc. nº 44; *suppl.* p. 37)? Par qui
sont nommés les maires et adjoints (nº 47)?
Où y a-t-il des commissaires de police (nº
51)? Quelles sont leurs attributions (nº
52) ? Diverses attributions du maire (nº
56). Arrêtés (nº 65). *Quid*, s'ils renfer-
ment un excès de pouvoir (nº 71) ? Sont-
ils immédiatement exécutoires (nº 73) ?
— Diverses espèces de biens communaux
(nºs 90 à 92). Distinction entre les dépenses obligatoires et facultatives (nº 116).
Quid, si le conseil municipal refuse de voter une dépense obligatoire (nº 134) ? En
quel sens les communes sont en tutelle
(nº 145). Comment peuvent-elles acquérir
(nºs 146, 152)? aliéner (nº 155, 156)?
donner à bail (nºs 167, 168)? — Qui peut in-
tenter les actions de la commune (nº 177) ?
Autorisation nécessaire (nº 180). Pour-
voi contre le refus d'autorisation (nº 181).
Conséquences du défaut d'autorisation (nº
182). Peut-il être invoqué contre la commune (nº 183)? Forme pour actionner la
commune (nº 184). Moyen d'exécuter le
jugement (nº 190). Transactions (nº 192).
— Cas dans lesquels une commune est responsable du dommage causé sur son territoire (nº 195). — Fabriques (nº 210). —

Où doivent se faire les inhumations (Fouc. n°s 229 , 236)? Concession de terrain (n° 251). Servitudes résultant du voisinage des cimetières (n° 254). — Double objet des établissements d'humanité (De Gér. n^{os} dlxvj et suiv.). Différence entre les hôpitaux et les hospices (*ib.* n° dlxxix). Par qui sont-ils administrés (*ib.* art. 2758 à 2760)? Leur droit sur les biens des malades (Fouc. n° 242). Enfants trouvés et abandonnés (n° 247). Leurs parents peuvent-ils les réclamer (n° 251)? Droit de succession de l'hospice (n° 250). Bureaux de bienfaisance (n° 255). Mont de piété (De Gér. art. 2774 à 2278). Caisses d'épargne (F. n° 257). Où sont versés leurs fonds (n° 258)? Tontines (Merlin, *R'pert. h. v.*). Loteries (*ib.; mais v.* loi du 21 mai 1836). Division des écoles primaires (*Comm. sur la Ch.* p. 470). Obligations des communes à cet égard (*ib.*). Comités de surveillance (*ib.* p. 471). — Salles d'asile (Fouc. n° 267). Droits de plaçage et de hallage (n° 275). Octroi n° 279). Quand y a-t-il lieu de l'établir (n° 280)? Objets qui sont susceptibles de ce droit (n° 282). Limites de l'octroi (n° 285). — Obligations des communes et des individus, quant au logement militaire (n°s 294 à 296); des mai-

res, quant au recensement de la population
(De Gér. art. 4231).

Contentieux administratif. Qu'entend-on
par conflit (F. n° 524) ? Conflit de juridiction ou d'attribution (n°s 525, 526). Conflit
positif ou négatif (n°s 527, 528). Qui
juge le conflit (n°s 329, 550) ? Qui peut
élever le conflit (n°s 535)? Peut-il être élevé
en matière criminelle (n° 535) ? Quel est
l'effet du conflit communiqué au tribunal
(n° 548)? Délai dans lequel il doit être jugé
(n° 552). — Organisation des conseils de
préfecture (n° 560). Leurs principales attributions (n° 561). — Organisation de la
Cour des comptes (n° 594). Sa jurisdiction (n° 397). — Fonctions du conseil d'É-
tat (n° 410 à 412). Sa compétence administrative (n° 418). Par qui doit-on se
faire représenter devant le conseil d'État
(n° 427) ?

DROIT CONSTITUTIONNEL,

Qu'est-ce qu'une constitution (F. Berriat, *Commentaire sur la Charte*, p. 1)? Double sens du mot gouvernement (*ib.* p. 90). En combien de branches décompose-t-on l'autorité publique (*ib.*)? Pourquoi faut-il éviter la confusion des pouvoirs (p. 91 et 1)? Dans quels cas la Charte admet-elle cette confusion (p. 91)? Était-elle complète sous l'ancienne constitution française (p. 1 à 5)? Combien de constitutions se sont succédé en France depuis 1789 (p. 18)? A qui ces diverses constitutions attribuaient-elles les pouvoirs législatif et exécutif (p. 5 à 13)? De quels actes se compose la Charte de 1830 (p. 30 à 32, 473)? Faut-il dater de 1830 les articles de la Charte de 1814, qui n'ont pas été modifiés le 7 août 1830 (*Comm. sur la Ch.* p. 30, 31)? Faut-il dater la Charte de 1830, du 7, du 9, ou du 14 août (p. 26 à 28 et 32)? De quelle source émanent les pouvoirs politiques soit d'après la Charte de 1814 (p. 29), siot d'après celle de 1830 (p, 28, 33, 34)?

I. *Pouvoir législatif.* A qui appartient-il (Charte, 14)? Que signifie dès lors le mot loi dans la Charte (*Comment. sur la Charte*, p. 114)? Les trois autorités qui concourent à la confection de la loi ont-elles, en droit et en fait, une influence égale (*ib.* p. 116)? Les lois proprement dites sont-elles les seuls actes obligatoires pour les citoyens (p. 107, 110, 114)? Ne faut-il pas assimiler aux lois rendues en vertu de la Charte, celles qui l'ont été en vertu des constitutions antérieures (Charte, 59 et 69-10°); et ces constitutions elles-mêmes (*Comment.* p. 410)? Cette assimilation s'étend-elle aux arrêts consulaires, décrets impériaux, avis du Conseil d'État, et actes des gouvernements provisoires (*ib.* p. 412 à 415)? Une loi proprement dite peut-elle modifier la Charte (p. 118 à 120, 187)? Une loi peut-elle être abrogée par désuétude (p. 123)?

Mode d'exercice du pouvoir législatif. A qui appartient le droit de proposer la loi

(Charte, 15-1°)? La proposition lie-t-elle le pouvoir duquel elle émane . (*Comment.* p. 130)? Oblige-t-elle les deux autres à prendre une décision (*ib.* p. 131) ? A quel pouvoir doit-elle être portée , soit qu'elle émane d'une Chambre, soit qu'elle émane du roi (p. 131 , 132) ? Peut-elle émaner du roi , quand elle a pour objet un impôt (art. 15-2° ; *mais v. Comm.* p. 132)? La Chambre des pairs peut-elle amender les lois d'impôt (p. 133)? Motif de l'art. 15-2° (*ib.*). Suffit-il qu'une loi soit votée par la majorité des membres présents (p. 140, 141)? Faut-il que la majorité des membres présents ou absents approuve la loi (p. 141, 142) ? Les Chambres peuvent-elles amender les propositions du roi (p. 139)? Qu'est-ce qu'un amendement , un sous-amendement , un article addition-nel (p. 136, 137)? Dans quel ordre vote-t-on les amendements et les articles (p. 137)? Motif de l'art. 17 (p. 143).— Qu'est-ce que la sanction (p. 145)? Est-elle né-cessaire si les Chambres ont adopté sans modification une proposition émanée du roi (p. 131)? Peut-elle être partielle (p. 146)? Qu'entend-on, et que devrait-on entendre par promulgation (p. 146 à 148)? En quoi diffère-t-elle de la sanction (p. 146)?

Critique des formules de promulgation (*Comm.* p. 148, 149).

Organisation. — 1° *Chambre des députés.* Quel est le contrat qui lie le député aux électeurs (p. 213 à 215)? Qu'est-ce que l'élection par le double degré (p. 216 à 217)? Nombre des députés (p. 217)? Les électeurs peuvent-ils délibérer (p. 219, 246)? Pour combien de temps les députés sont-ils élus (art. 31 *comparé* avec l'anc. art. 37; *Comm.* p. 220)? Cas où les fonctions de député cessent avant le délai de cinq ans (p. 222). Le député élu depuis moins de cinq ans conserve-t-il ses fonctions après l'expiration des pouvoirs de la Chambre (*ib.*)? Conditions requises pour être éligible (*Combiner* les art. 32, 35, 36, et la loi du 19 avril 1831, 59)? A quelle époque faut-il avoir l'âge prescrit (loi du 19 avril, 59; *mais v.* Charte, 32; *Comment.*, p. 226)? Qu'entend-on par vérification des pouvoirs (p. 232)? Fonctions incompatibles avec la députation (p. 233). Fonctions qui empêchent seulement d'être élu dans certains colléges, et avant un certain temps (p. 234). Une loi pourrait-elle dispenser les éligibles de la condition du cens (art. 35; *mais v. Comm.* p. 234, 235)? — Conditions requises pour être électeur (*Combiner* l'art. 34 et la loi du 19 avril, 1 et 3)? Ces conditions et celles d'éligibilité sont-elles en harmonie avec les conditions d'admissibilité à la pairie (*Comment.* p. 231 et 242)? Qui nomme les présidents des colléges électoraux (p. 246). A qui appartient la présidence provisoire (p. 251)? Critique de l'art. 56 (p. 256). *Quid*, s'il n'a pas été observé (p. 257) *v.* ci-dev. p. 167, 168)?—Fonctions du président de la Chambre (p. 258). Par qui est-il nommé (art. 37 *comparé* avec 25 et l'anc. art. 45)? A qui appartient la présidence provisoire (*Comment.* p. 258.)? Critique de l'art. 59 (p. 269). Le réglement d'une Chambre oblige-t-il celles qui lui succèdent (p. 271)? L'oblige-t-il elle-même (*ib.*)? Un député peut-il être contraint par corps (art. 45)? *Quid*, s'il était déjà emprisonné six semaines avant la session (*Comment.* p. 517)? Peut-il être l'objet d'une poursuite criminelle (art. 44)?

2° *Roi.* Quelle est l'origine du pouvoir du roi (Déclarat. du 7 août 1830; *Comment.* p. 25, 92)? *Quid*, s'il est mineur ou insensé (p. 92, 93)? Que conclure de ce que la personne du roi est sacrée, et de ce qu'il est le chef de l'État (p. 94 et 100)? Quelle est son obligation à son avénement

(*Comm.* p. 451, 453)? Qu'est-ce que la liste civile (p. 153)? Quelle est la force excepti-nonelle de la loi qui la détermine (p. 154; *v.* ci-dev. p. 169)? Qu'est-ce qu'un prince du sang (p. 95 et 200)? Prérogative at-tachée à ce titre (p. 199, 200). La dota-tion d'un prince du sang doit-elle être as-similée à la liste civile (p. 159)? Peut-il se marier sans autorisation (p. 95)? Quelle est l'influence du roi sur les deux Cham-bres (art. 23, §§ 1 et 28; 25, 42)? Quand doit-il les convoquer (*Comm.* p. 311, 315)? Sens du mot proroger (p. 315). — Le roi ne peut-il pas, à lui seul, établir certaines règles obligatoires (art. 13 et 63)? Peut-il, par un traité, modifier une loi, établir un impôt, aliéner une portion du territoire, appeler des troupes étrangères (*Comment.* p. 103, 104, 112)? Peut-il, par ordonnance, suppléer au si-lence de la loi (p. 108)? *Quid*, si une or-donnance est contraire à une loi (p. 110; mais *v.* p. 109 et 441)?

3° *Chambre des pairs.* Qu'entendait-on autrefois par pairs de France et par pairs du roi (p. 160 à 162)? Dans combien de buts différents peut-on diviser le corps législatif en deux Chambres (p. 162 à 165)? Est-il vrai de dire que la Chambre des pairs est

le premier corps de l'État (*Comm.* p. 166) ?
Principales modifications subies par la pairie
depuis 1850 (anc. art. 23 *comparé* avec loi du
29 déc. 1851, §§ 1, 28, 29 et 51). Le roi a t-il,
pour choisir les pairs, une latitude absolue,
soit quant au nombre, soit quant à la qualité des personnes (*Comm.* p. 173, 184,
190)? Peut-il choisir un ecclésiastique (p.
185)? Forme de la nomination (p. 189).
Faut-il, pour être nommé, avoir rendu
des services spéciaux (*ib.* note 1), ou avoir
des titres nobiliaires (p. 195)? Dans quel
cas l'art 24 est-il applicable (p. 197, 200)?
Qu'était-ce autrefois, et qu'est-ce aujour-
d'hui, que le chancelier de France (p. 197
à 199)? Les séances de la chambre des
pairs sont-elles publiques (art. 27 *combiné*
avec 58)? — De quels crimes peut connaître la cour des pairs (art. 28 *combiné* avec
47)? Est-elle compétente dès à présent
(*Comment.* p. 204)? *Quid,* en cas d'of-
fense envers les Chambres par un moyen
de publication quelconque (p. 207)? Un
pair peut-il, sans l'autorisation de la
Chambre, être contraint par corps (p.
211)? être arrêté en cas de flagrant délit
(p. 210)? Comparaison des prérogatives
dont jouissent les pairs et les députés (p.
210, 516, 318).

II. *Pouvoir exécutif*. A qui appartient-il (art. 12)? Une loi ne peut-elle charger de son exécution un agent autre que le roi (*ib.*; mais *v. Comm.* p. 98, 99)? Exemples d'actes qui rentrent dans les attributions du pouvoir exécutif (art. 13, 18 ; *v.* 62). Qu'entend-on (art. 13), par commander les forces de terre et de mer (*Comm.* p. 100)? par déclarer la guerre (p. 101)? Les Chambres peuvent-elles influer sur la guerre ou la paix (p. 102, 104)? — Que conclure de ce que la personne du roi est inviolable (p. 94)? Est-il moralement responsable (p. 93)? *Quid*, si une ordonnance du roi n'est pas contre-signée par un ministre (*ib.*) ? Sens et conséquences de la maxime : le roi règne, et ne gouverne pas (p. 95 à 97). Le pouvoir législatif peut-il fixer le nombre des ministres, et déterminer leurs attributions (p. 326, 327)? Même question pour les autres agents de l'administration publique (p. 107). Les ministres peuvent-ils être nommés députés sans être éligibles (art. 46 ; mais *v. Comm.* p. 328)? Sont-ils obligés de se conformer au réglement des Chambres, quand ils demandent la parole (p. 331, 332)? Le privilége qu'ils ont d'être poursuivis par une Chambre et jugés par l'autre, s'applique-t-il aux actions civiles (*Comm.* p. 333)? S'applique-t-il à tous les délits quelconques (p. 334) ?à tous les délits commis dans l'exercice du pouvoir exécutif (p. 333, 334)? Peut-il être invoqué par des ministres qui ont cessé de l'être (p. 335 à 337) ?

III. *Pouvoir judiciaire.* Est-il distinct du pouvoir exécutif (p. 338)? Sens et origine de l'adage : Toute justice émane du roi (p. 339 à 341) ? Que conclure de ce qu'elle s'administre en son nom (p. 341 à 343) ? Peut-il nommer juge un individu quelconque (p. 344) ? L'institution diffère-t-elle de la nomination, de l'installation, de la prestation de serment (p. 346, 347)? N'y a-t-il pas des cas où un juge peut être dépouillé de ses fonctions (p. 357)? Est-il forcé d'accepter un changement (p. 360)? Exception au principe de l'inamovibilité (p. 351 et 357, note). La faculté de nommer les juges de paix n'est-elle assujettie à aucune restriction (p. 376)? — Sens de l'expression juge naturel (p. 379). Le but de l'art. 53 n'est-il pas de proscrire la rétroactivité des lois en matière de compétence (p. 381)? Comment concilier cette proposition avec l'art. 50 (p. 382)?Que faut-il entendre par tribunal extraordinaire (p. 385 à 388)? — L'art. 55 a-t-il établi la publicité des débats, ou l'a-t-il restreinte (*Comm*. p. 389) ? Une loi peut-elle supprimer le jury (art. 56 ; *mais v.* 69-1°)? La confiscation spéciale est-elle abolie (art. 57 ; *mais v. Comm.* p. 405) ? La grâce anéantit-elle complétement les effets de la condamnation (p. 406) ? Le droit de grâce renferme-t-il celui d'arrêter les poursuites (p. 407) ?

Droits généraux garantis par la Charte. — 1° Égalité devant la loi (art. 1 à 3 ; *v. aussi* 4, 5 et 8). Sens de cette expression (*Comment.*, p. 37). L'application littérale de l'art. 1 serait-elle rationnelle (p. 37 et 38)? Son but principal n'est-il pas de proscrire les priviléges fondés sur la naissance (p. 39) ? L'art. 2 exclut-il les impôts indirects (p. 41), et l'impôt progressif (p. 42, 43)? L'art. 3 s'oppose-t-il à ce que la loi exige des conditions d'aptitude de ceux qui aspirent aux emplois (p. 45))? — 2° Liberté individuelle (Ch. 4). Quelle garantie résulte de l'art. 4 (*Comm.* p. 49) ? S'applique-t-il à la détention (p. 50) ? — 3° Liberté religieuse (Ch. 5 ; *v.* l'anc. art. 6). S'applique-t-elle à une croyance qui ne se manifeste pas par un culte (*Comm.* p. 61)? — 4° Liberté de la presse (Ch. 7 *comparé* avec l'anc. art. 8). La censure peut-elle s'appliquer aux productions dramatiques et aux dessins (*Comm.* p. 70 , 74) ? L'art. 7 prohibe-t-il les mesures préventives autres que la censure (p. 69 , 75) ? — 5° Inviolabilité de la propriété (Ch. 8 et 9). Ne souffre-t-elle pas plus d'une exception (art. 9 ; *mais v. Comm.* p. 77) ? — 6° Abolition de la conscription (Ch. 11). En quoi diffère-t-elle du recrutement (*Comm.* p. 84 , 85) ? — 7° Droit de consentir l'impôt (Ch. 40 et 41). Un emprunt public peut-il être contracté sans l'intervention du pouvoir législatif (*Comm.* p. 289) ? Même question pour les dépenses publiques (*ib.*). Les impôts directs autres que l'impôt foncier peuvent-ils être consentis pour plusieurs années (p. 307 , 308) ?

Droits particuliers garantis par la Charte. — 1° Privilége des ministres chrétiens (Ch. 6). Est-il rationnel (*Comm.* p. 62, 63)? Ne peut-on l'étendre aux ministres des autres cultes (p. 64)? — 2° Propriétés nationales (Ch. 8). A quels biens s'applique cette dénomination (*Comm.* p. 78) ? — 3° Sécurité relativement aux votes et opinions (Ch. 10; *v. Comm.* p. 83). — 4° Grades et pensions militaires (Ch. 60). — 5° Dette publique (*ib.* 61). Comment l'État peut-il être engagé (*Comm.* p. 425)? — 6° Titres nobiliaires (Ch. 62). Indication des principaux priviléges dont jouissaient autrefois les nobles (*Comm.* p. 431). Système de Napoléon (p. 432 à 434). La noblesse entraîne-t-elle aujourd'hui quelque prérogative(p. 435 à 437)? — 7° Légion-d'Honneur (Ch. 63). En quoi reste-t-elle soumise au pouvoir législatif (*Comm.* p. 441, 442)? Comment le choix des membres devrait-il être fait (p. 442)? — 8° Législation spéciale des colonies (Ch. 64). Ne peuvent-elles être régies que par des lois proprement dites (*ib.; mais v. Comm.* p. 444, 445)? La Charte n'y est-elle pas applicable (p. 446, 447)? — *V.* d'autres garanties dans l'art. 69.

DROIT DES GENS.

(2ᵉ EXAMEN de doctorat.)

Qu'est-ce que le droit des gens (Martens, *Précis du droit des gens moderne de l'Europe*, §§ 2 et 4 à 8) ? — Distinction des États souverains et mi-souverains (§§ 16, 19 et 20). Puissances maritimes (§ 22). — Conditions requises pour qu'une nation puisse acquérir la propriété d'un pays par occupation (§§ 36-37). Droits sur les montagnes et fleuves limitrophes (§§ 38, 39); sur les détroits, golfes, mers voisines ou adjacentes (§§ 40, 41). Parties de la mer libres ou sujettes (§§ 42, 43).

Traités (§ 47). Conditions requises pour leur validité (§§ 48 à 51). Effets des trai-

frage (§ 154); de sauvement (§ 155). Droits sur les lacs (§ 156). Cérémonial maritime (§ 158 à 162). — Exterritorialité des souverains étrangers (§ 172; *v.* § 215). — Différence entre l'interposition des bons offices, la médiation et le compromis (§ 176).

Ambassades. Source du droit d'ambassade (§ 185). Sens spécial du mot ministre (§ 186). A qui appartient le droit d'en envoyer ou d'en recevoir (§§ 187 à 189)? — En quel sens peut-on distinguer plusieurs ordres de ministres (§ 191)? Quels sont ces divers ordres (§§ 192 à 194)? Différence entre les nonces et légats (Merlin, *Répert.* mot *légat*). Agents, députés, commissaires (Mart. §§ 196, 197).—Qu'entend-on par lettres de créance ou de recommandation (§§ 202, 203); pleins pouvoirs généraux ou spéciaux (§ 204)? — Motifs sur lesquels est fondée l'inviolabilité du ministre (§ 214). Qu'entend-on par exterritorialité (§ 215)? Ses conséquences, quant à la juridiction (§§ 216 à 218). *Quid*, à l'égard des personnes de la suite du ministre (§ 219)? Son hôtel peut-il servir d'asile (§ 220)? Est-il exempt des impôts (§§ 227 à 229)? — Comment finit la mission du ministre (§§ 238 à 242)? Sa mort met-elle fin aux immunités dont jouissait sa famille (§ 244)? Jouit-il des prérogatives de son titre dans les États auprès desquels il n'est pas accrédité (§§ 247, 248)? — Droits des courriers en temps de paix (§ 250).

Guerre. Qu'entend-on par rétorsion (§ 254), et par représailles (§ 255)? Diverses espèces de représailles (§§ 258, 259). A qui appartient le droit de les exercer (§ 260)? Est-il permis d'en user en faveur ou au préjudice des tierces-puissances (§ 261)? — Qu'est-ce que la guerre (§ 263)? Ses diverses espèces (§ 266). Quand faut-il la déclarer (§ 267)? Qu'entend-on par embargo (§ 268); par lettres avocatoires, déhortatoires et inhibitoires (§ 269)? La guerre est-elle assujettie à des lois (§ 270)? Personnes qu'on doit épargner (§ 272). Tous les moyens de nuire sont-ils admis (§ 273)? *Quid*, des stratagèmes et des espions (§ 274)? Que faire des prisonniers de guerre (§ 275), et des biens de l'ennemi (§ 279), soit dans les guerres continentales (§ 280), soit dans les guerres maritimes (§ 281)? Quand peut-on disposer définitivement des biens de l'ennemi (§§ 282 à 283)? Règles à suivre dans les batailles et dans les siéges (§§ 285 à 287). Qu'entend-on par armement en course et par lettres de marque (§ 289)?—

Qu'est-ce qu'une capitulation (§ 291); une sauve-garde (§ 292); un armistice (§ 293)? Comment traite-t-on avec l'ennemi (§ 294)? Comment se garantit l'exécution des conventions faites avec l'ennemi (§ 296)? — But des diverses espèces d'alliance (§ 298). Qu'entend-on par *casus fœderis* (§§ 298, 299)? Obligations des puissances qui font la guerre en commun (§ 300); des puissances auxiliaires (§ 301). Effets d'un traité de subsides (§ 302). Quels secours doit-on à son allié (§ 303)? L'allié de l'ennemi doit-il être traité comme ennemi (§ 304)?

En quoi consiste la neutralité (§ 305)? Ses diverses espèces (§§ 306, 307). Ses principaux objets (§ 308). La puissance neutre peut-elle secourir les puissances belligérantes (§ 309); leur accorder passage sur son territoire (§§ 310, 312)? Une puissance belligérante peut-elle enlever des biens ennemis d'un territoire neutre (§ 311), ou des biens neutres d'un territoire ennemi (§ 313)? Peut-elle interdire à la puissance neutre de faire le commerce avec son ennemi (§ 314), notamment le commerce de guerre (§ 315)? Le navire couvre-t-il la cargaison (§§ 316, 323)? Droit de visiter les vaisseaux neutres (§§ 317, 321). Qu'en-

tend-on par contrebande de guerre (§ 318)?
Entraîne-t-elle confiscation du navire (§ 319)?
Peut-on commercer avec une place bloquée
(§ 320)? La prise d'un navire en transfère-
t-elle la propriété (§ 322)? — Principe de
la neutralité armée (§ 325). Histoire de ce
système (§§ 324, 326, 326 *a*). Système
continental (§ 326 *b*).

Qu'est-ce qu'un congrès (§ 327)? Distinction entre les traités préliminaires et
définitifs (§§ 332, 333); entre le *status quo*
strict et le *status quo* limité (§ 333). *Quid*, si
une tierce-puissance accède au traité (§§
336, 337)? Comment s'éteignent les droits
acquis par des traités (§ 342)?

HISTOIRE DU DROIT.

—◦—

(2e EXAMEN de doctorat.)

Histoire du Droit romain.

I. *Histoire des sources.* A qui appartenait le pouvoir législatif du temps des rois (M. Berriat Saint-Prix, *Histoire du droit romain*, p. 11, 12)? Comment se divisait l'assemblée du peuple (*ib.* p. 12, 13)? Droit papirien (p. 13 à 15). — Événements qui ont amené la loi des XII tables (p. 15 à 17). Y a-t-il eu réellement une députation envoyée en Grèce à cette occasion (p. 17, 25 ; *Thémis*, IV, p. 304, et VI, p. 269)? Comment la loi des XII tables a-t-elle été faite (p. 18, 19)? Auteurs qui l'ont restituée

(B. S. p. 21). Exemples de ses dispositions (*V.* le recueil de M. Blondeau, t. II, p. 61 à 76). — Comment se faisaient les lois proprement dites (B. S. p. 26 à 28)? les plébiscites (*ib.*) ? les lois curiates (p. 29)? Exemples de lois (p. 30). Y en a-t-il eu sous les empereurs (*ib.*)? — D'où se tirait leur intitulé (p. 91 , 93)? — Comment se faisaient les sénatus-consultes sous l'empire (p. 34 , 35)? Sens du mot *oratio* (p. 35 , note 82). Exemples de sénatus-consultes (p. 37). — Les empereurs ont-ils eu dès le principe le pouvoir législatif (p. 37 à 39)? L'existence de la loi Regia est-elle certaine (p. 39 à 43) ? Diverses espèces de constitutions (p. 44 à 46). Quelles collections en ont été faites (p. 50 , 51) ? — Époque et mode de la rédaction du code Théodosien (p. 106 et suiv.). Dans quel état nous est-il parvenu (p. 108)? Par qui a-t-il été commenté (p. 112)? — Énumération des principaux empereurs romains, surtout au IIe et au IIIe siècle (p. 336 à 346). Surnoms qui leur étaient donnés (p. 96 à 98). — Fonctions du préteur (p. 61). Ses édits (p. 62. 63). *Album* (p. 63 , note 7). Loi Cornélia (p. 64). *Edicta tralatitia* (p. 65). Qu'est-ce que l'édit perpétuel (p. 66)? Quand et par qui a-t-il été composé (p. 103 à 105)? Exem-

ples d'institutions prétoriennes (B.S.p. 67).
Qu'entend-on par droit honoraire (p. 69)?
— Influence des pontifes sur le droit (p.
88). — Tous les jurisconsultes étaient-ils
prudents (p. 72)? Décisions des empereurs
à l'égard des prudents (p. 78 à 80). Divers
genres d'ouvrages composés par les jurisconsultes (p. 81). A quel système de philosophie
appartenaient-ils (p. 82, 85)? Énumération
des principaux, surtout au IIe et au IIIe siècle (p. 352 à 358). Détails sur Papinien (p.
119 à 122), Ulpien (p. 122 à 124) et Paul
(*ib.*); sur la découverte des Institutes de
Gaïus (*Thémis*, 1, p. 287 à 294). Quels
étaient les principaux jurisconsultes de la
secte des Sabiniens et de celle des Procu-
léiens (B. S. p. 125 à 151)? Quels sont
les divers âges qu'on peut distinguer dans la
jurisprudence romaine (p. 348 à 351)?

Énumération chronologique des compilations de Justinien (p. 156). Détails sur cet
empereur (p. 114 à 116) et sur Tribonien
(p. 116). Qu'entend-on par *corpus juris*
(p. 152)? Quand ce nom a-t-il été imaginé
(p. 249)? Nom des principaux compila-
teurs (p. 158). — Division du Code (p.
142). Comment les lois sont-elles distri-
buées dans chacun de ses titres (p. 145)?
Sa correspondance avec le Digeste (p. 146).

Ses principaux commentateurs (B. S. p. 148).
— Sens des mots Digeste (p. 150), Pandectes (p. 151), paratitles (p. 154). Divisions
et subdivisions du Digeste (p. 155), et leurs
motifs (p. 159, 160). Suivant quel ordre
les fragments ont-ils été distribués dans les
titres (p. 158)? Comment Bluhme expli-
que-t-il cet ordre (*Thémis*, iii, p. 278 à
286)? Quel ordre a-t-on suivi dans la distribution des matières (B. S. p. 104 et 161)?
Divisions des anciennes éditions (p. 162,
163). Diverses manières de citer les fragments (p. 319 à 329). — Sens du mot
Institutes ou Instituts (p. 165, 176). Division des Institutes (p. 169, 170). Leurs
divergences avec le Digeste (p. 168). —
Sens du mot novelles (p. 177). Diverses
traductions des novelles (p. 178 à 180).
Liber novellarum (p. 180). Qu'entend-on
par *collations* (p. 186 à 188)? par authentiques (p. 188)? Chaque novelle a-t-elle
un objet distinct (p. 183)? — Ouvrages
annexés aux compilations de Justinien dans
le *corpus juris* (p. 192 à 194). Ouvrages qui
nous sont parvenus sans avoir été retouchés
par Tribonien (*V.* le recueil de M. Blondeau, t. iii, p. 103 à 458).

Paraphrase de Théophile (B. S. p. 196).
Basiliques (p. 198). Leur division (p. 200).

jas (B. S. p. 284, 314 à 315), de Ramus
(p. 316).

II. *Institutions antéjustiniennes.* Condition
des affranchis latins (Gaïus, *Instit.* i, 23 à
24) ou déditices (25 à 27). Comment les
latins pouvaient-ils acquérir la cité romaine
(28 à 31 ; Ulpien, *Règles,* iii)? — Quel était
l'état des enfants dans le cas où ils étaient
nés d'une personne qui en avait épousé une
autre de condition inférieure (Gaïus, i, 66
à 77); ou bien d'une citoyenne et d'un
peregrinus (.Ulp. v, 8), ou bien d'un père
qui devenait plus tard citoyen (Gaïus, i,
93 à 95)? — Cas où les femmes étaient *in
manu mariti* (110 à 115). Comment les
personnes *in mancipio* devenaient-elles *sui
juris* (138 à 141)? — Option de tuteur
donnée à la femme *in manu* (150 à 154).
Faculté de céder la tutelle des femmes
(168 à 172). But de cette tutelle (190 à
192).

Effet de la cession *in jure* de l'hérédité (*ib.*
ii, 34 à 37 ; iii, 85 à 87). Usucapion *pro heredœ*
(ii, 52 à 58). Usuréception (59 à 61). —
Cas de rupture des testaments (139 à 143).
Crétion accordée aux héritiers externes (164
à 170). Ses deux espèces (171 à 173 ; *v.*
177). Quadruple espèce de legs (193 à
223). Sénatus-consulte néronien (197, 212,

218). Légataires conjoints (Gaïus, *ii*, 199, 205 à 208, 215). Différences entre les legs et les fidéi commis, existantes au temps de Gaïus (268 à 283), ou abolies avant lui (284 à 288).

Cas où la possession de biens se donne *sine re* (*ib*. III, 35 à 38). Droits des patronnes (49 à 53). Biens des latins (56 à 73). *Emptio bonorum* (77 à 81). Acquisition par *conventio in manum* (82 à 84). — *Adstipulatores* (110 à 114). *Sponsores* et *fidepromissores* (115 à 127). Dispositions des lois Furia, Apuleia et Cornélia à leur égard (*ib*.); action *depensi* (127). *Nomina transcriptitia et arcaria* (128 à 133, 137). Obligations littérales des *peregrini* (134). Payement *per æs et libram* (173 à 175). Effet de la *litis contestatio* (180, 181). Recherche du vol (192 à 194).

Actions de la loi (IV, 11 à 33). Détails sur le *sacramentum* (13 à 17). Actions *fictitiæ* (34 à 38). Diverses parties de la formule (39 à 44). Formules *in jus* et *in factum* (45 à 47). Diverses manières de rédiger la *condemnatio* (48 à 52). Différences entre la compensation dont devait tenir compte l'*argentarius* et la déduction qu'on pouvait opposer au *bonorum emptor* (64 à 68); entre le *cognitor* et le *procurator* (83, 84, 97).

Revendication *per sponsionem* (Gaïus, IV , 93 à 95). *Judicia legitima* et *imperio continentia* (103 à 105, 109). Quel effet produisaient-ils sur la chose jugée et pourquoi (106, 107 ; v. III, 180, 181)? *Præscriptiones* (IV, 130 à 137). Procédure qu'entraînait l'emploi des interdits (162 à 170). Action *calumniæ* (174 à 181). *Vadimonium* (184 à 187).

Histoire du Droit français.

I. *Droit coutumier.* Ses monuments (M. Laferrière, *Hist. du dr. franç.* p. 61). Livre des fiefs lombards (p. 62). Chartes d'affranchissement des villes et communes (p. 63). Établissements de S. Louis (p. 63 et suiv.). Grand coutumier de Charles VI (p. 68). Somme rurale de Bouteiller (p. 69). Quand les coutumes furent-elles rédigées par écrit (p. 72)? — A quelles parties de la France donnait-on le nom de pays coutumiers (B. S. p. 220 à 222)? Le droit romain en formait-il le droit commun (p. 223 à 230)? Quelle a été l'origine des coutumes (Laf. p. 85 à 100), et de la féodalité (p. 100 à 103)? Quand les fiefs devinrent-ils héréditaires (p. 104 à 106)? Diverses causes qui ont contribué à l'accroissement de la féo-

les guerres privées (Laf. p. 296). Vénalité des charges (p. 305, 404 et suiv.). Rédaction des actes en français (p. 320). Jurisdiction consulaire (p. 339). Intendants (p. 362). Ordonnances contre les jansénistes (p. 567), et les protestants (p. 372). Révocation de l'édit de Nantes (p. 377 et suiv.). Réformes introduites sous Louis XIV dans la procédure civile et criminelle (p. 443 et suiv.). — Ordonnances concernant les donations, les testaments et les substitutions (p. 475 et suiv.).

TABLE

DES

AUTEURS CITÉS DANS CE VOLUME. (1)

Institutes de Justinien.

M. Du Caurroy, *Institutes expliquées*, 6e édition
(1841), 2 vol. in-8°.

M. Blondeau. *Chrestomathie, ou Choix de textes
pour un cours de droit romain*, avec introduction
et notes, 1 vol. in-8°.

Le même. *Institutes traduites* (par M. Bonjean) *sui-
vies d'un choix de textes relatifs au droit anté-
justinien*, 2 v. in-8°.

M. Ortolan. *Explication historique des Instituts*,
avec texte et traduction, 2e édition, 2 vol. in-8°.

M. Pellat. *Principes généraux du droit romain sur
la propriété et l'usufruit* (1837), 1 vol. in-8°.

Vinnius. *In quatuor libros Institutionum Com-
mentarius.*

Code civil.

M. Demante. *Programme du cours de droit civil français, fait à la Faculté de Paris*, 3e édit., 3 vol. in-8°.

Delvincourt. *Cours de Code civil*, 5e édition, 3 vol. in-4°.

M. Duranton. *Cours de droit civil français*, 3e édit. (1834-1837), 21 vol. in-8°.

Toullier. *Le Droit civil français*, 5e édit. (1830-1834), 15 vol. in-8°.

N. B. Cet ouvrage ne comprend que les 1582 premiers articles du Code civil. J'ai cité la 5e édition (1819).

Chabot. *Commentaire sur la loi des successions*, revu par M. Mazerat 1, 2 vol in-8°.

Pothier. *Traités des Obligations, de la Propriété, de la Communauté et de la Société*. V. ses œuvres de droit français, 8 vol. in-4°. (2e édition).

Procédure et Droit criminel.

M. Berriat Saint-Prix. *Cours de procédure civile*, 6e édition, revue par F. B. S. (1835), 2 vol. in-8°.

Le même. *Cours de droit criminel*, 4e édit. (1836), 1 vol. in-8° ; prix des deux ouvrages réunis, avec des additions publiées en 1838 et en 1841, 16 fr. 50 c.

---

1 M. Mazerat a aussi publié la solution motivée de toutes les questions posées dans le programme de M. Demante ; 1 vol. in-8° en 3 parties dont chacune correspond à un examen et à un vol. de M. Demante.

Boitard. *Leçons sur le Code de procédure, le Code pénal et le Code d'instruction criminelle,* 2e édit., 3 vol. in 8o.

N. B. C'est une reproduction de leçons orales (faites en 1834-1835), par la voie de la sténographie : ou n'y trouve, malgré la généralité du titre, que les matières qui sont l'objet du 2e examen. J'ai cité la première édition, en 5 vol.

Code de commerce.

Delvincourt. *Institutes de droit commercial* 2e édition , 2 vol. in 8°.

M. Bravard. *Manuel de droit commercial,* contenant un exposé de principes, avec des textes, des formules et l'analyse des articles, en forme de questions , 2e édition (1839), 1 vol. in-8o.

N. B. Cet ouvrage contient la loi du 28 mai 1838 , sur les faillites.

M. Pardessus. *Cours de droit commercial,* 5e édit., 6 vol. in-8o.

N. B. J'ai cité la 2e édition (1821).

Droit public et administratif.

Félix Berriat Saint-Prix. *Commentaire sur la Charte,* 1 vol. in 8o de 480 pages ; prix 3 fr.

M. Foucart. *Eléments de droit administratif,* suivis d'un appendice contenant le texte des lois principales, 2e édition, 3 vol. in-8o., et un supplément publié en 1841.

M. De Gérando. *Institutes du droit administratif français* (1829), 4 vol. in-8o.

Droit des gens.

Martens. *Précis du droit des gens moderne de l'Europe*, nouvelle édition , annotée par M. Pinheiro-Ferreira (1831), 2 v. in 8o.

Histoire du droit.

M. Berriat Saint-Prix. *Histoire du droit romain* , 1 vol. in-8° ; prix 5 f.

M. Laferrière. *Histoire du droit français* , 2 vol. in-8°.

Ouvrages généraux.

Merlin. *Répertoire de jurisprudence* , par ordre alphabétique, 18 vol. in-4o.

Thémis , ou Bibliothèque du jurisconsulte (1819 à 1830), 10 vol. in-8o.

Revue étrangère et française de jurisprudence, par MM. Fœlix et Valette , 8 vol. in-8° (1833 à 1842),

N. B. Pour les auteurs dont les livres sont divisés par numéros, les chiffres que j'ai cités se rapportent à toutes les éditions. Tels sont Pothier, MM. Demante et Duranton; mais non M. Foucart , dont la première édition n'est pas numérotée , ni M. Du Caurroy, dont les cinq premières éditions ont des numéros différents.

A l'égard des Codes français , comme quelques libraires ne se font pas scrupule de rajeunir le titre et la date des vieilles éditions, il faut s'assurer , avant d'acheter une collection des Codes, même qualifiée *nouvelle* sur la couverture, que l'art. 717 du Code de procédure civile défend d'actionner en résolution l'adjudicataire sur saisie immobilière ; que l'art 437 du Code de commerce permet de déclarer la faillite après décès, et que l'art. 8 du Code pénal ne mentionne pas la peine du carcan.

TABLE

[1] Cette partie du Code civil est à elle seule l'objet de l'examen
quand l'élève a déjà subi un examen de capacité.

On comprend que je ne pouvais faire entrer dans mon travail les matières tirées des Pandectes ; qui varient chaque année, Les élèves peuvent au surplus consulter l'auteur suivant :

Pothier, *Pandectæ Justinianeæ, in novum ordinem digestæ.* . . . .

N. B. Il en existe plusieurs éditions, et une traduction dont il faut se méfier; comme de toutes les traductions complètes du Digeste ou du Code. . .

TABLEAU

Des frais nécessaires pour obtenir, soit les diplômes de bachelier, de licencié, ou de docteur en droit, soit un certificat de capacité.

1° *Diplôme de bachelier* (326 francs).

8 inscriptions à	15 fr.	120 fr.	
1er examen de baccalaur.	60 fr.	60 fr.	326 fr.
2e examen.	60 fr.		
Certificat d'aptitude. . .	50 fr.	146 fr.	
Droit de diplôme. . . .	36 fr.		

2° *Diplôme de licencié* (488 francs).

4 inscriptions à	15 fr.	60 fr	
1er examen de licence. .	90 fr.	180 fr.	488 fr.
2e *id.*	90 fr.		
Thèse	120 fr.		
Certificat d'aptitude. . .	80 fr.	248 fr.	
Droit de diplôme. . . .	48 fr.		

3° *Diplôme de Docteur* (508 francs).

4 inscriptions à.	15 fr.	60 fr.	
1er examen de doctorat.	90 fr.	180 fr.	508 fr.
2e *id.*	90 fr.		
Thèse	120 fr.		
Certificat d'aptitude. . .	100 fr.	268 fr.	
Droit de diplôme. . . .	48 fr.		

Total des trois diplômes. . . 1,322 fr.

4° *Certificat de capacité* (130 francs).

4 inscriptions à	15 fr.	60 fr.		
1 examen.	30 fr.	70 fr.		130 fr.
Certificat de capacité. . .	40 fr.			

FAUTES A CORRIGER.

Page.	Ligne.				
31	23	*au lieu de* postérieur , *lisez* antérieur.			
73	9	—	*ib.*	—	Dem. *ib.*
89	9	—	seize ,	—	quinze.
102	2	—	Dur.	—	Dem.
106	21	—	pr. v.;	—	pr.; v.
127	25	—	1577 ,	—	1377.
166	19	—	*ib.*	—	Dur.
167	15	—	doit ,	—	peut.
246	21	—	arrêts ,	—	arrêtés.
249	10	—	p. 167,168	—	p. 232,233.
250	4	—	p. 169 ,	—	p. 234.

Imp, d'HIP. TILLIARD, rue St-Hyacinthe-St-Michel, 3o.